Préparer le bac L :

La princesse de Montpensier

(la nouvelle de Madame de Lafayette

et le film de Bertrand Tavernier)

Hernani

(drame romantique de Victor Hugo)

par Jérémy Lasseaux,

professeur de lettres en lycée

Les numéros de pages et de vers se réfèrent aux éditions GF.

Les candidats doivent répondre, de façon organisée, à deux questions :

• la première porte sur <u>un aspect</u> de l'oeuvre (une scène, un personnage, un thème).

Exemple : Dans la nouvelle et le film *La princesse de Montpensier*, en quoi la scène de la rivière est-elle cruciale ?

• La seconde porte sur <u>l'ensemble</u> de l'oeuvre en relation avec le domaine d'étude retenu. Il y a deux domaines d'études : « Littérature et langage de l'image » et « Lire, écrire, publier ».

Exemple : Madame de Lafayette et Bertrand Tavernier représentent-ils la réalité du XVIème siècle de la même façon ?

Remarques :

- Cette année, « Littérature et langage de l'image » porte sur *La princesse de Montpensier*. Il faut parler de la nouvelle de Madame de Lafayette et du film de Bertrand Tavernier. Mais ce serait une erreur d'adopter le plan suivant : I. Dans la nouvelle II. Dans le film ; il faut parler des deux dans chaque partie du développement !

- Cette année, « Lire, écrire et publier » porte sur *Hernani* de Victor Hugo. Il faut s'intéresser aux préfaces de l'auteur où il explique sa vision de l'écriture, aux modifications apportées sur les divers manuscrits. Il faut aussi s'intéresser à la réception de la pièce avec la fameuse « bataille d'Hernani ».

Astuce 1 : la première question n'est que sur 8 points, la seconde est sur 12. Il faut en tenir compte dans le temps que l'on consacre à chaque question.

Question	Temps conseillé	Nombre de pages conseillé
1	45 mn	2 à 3
2	1h15 mn	3 à 4

Astuce 2 : rien n'oblige à commencer par la première question, du moment qu'elles sont bien numérotées dans la copie. Il est préférable de commencer par la question 2 qui rapporte plus de points, car l'épreuve est courte (deux heures) et souvent les candidats ont le sentiment de ne pas avoir assez de temps pour finir.

L'épreuve permet de montrer si le candidat :

• connaît les oeuvres (on n'attend pas un simple résumé, il faut savoir rentrer dans le détail, citer certains passages du livre, décrire certains plans du film)

• sait prendre en compte une problématique (au lieu de réciter un cours en fonction d'un mot clé)

• s'exprime de façon cohérente et organisée (pour chaque question, rédiger une introduction, un développement et une conclusion, écrire en paragraphes)

- détient une certaine culture littéraire (savoir citer d'autres oeuvres du même auteur, du même siècle, le courant littéraire de l'auteur, des éléments de sa biographie..)

Exemple : Madame de Lafayette appartient au mouvement de la Préciosité.

Concrètement, au moment de l'épreuve, comment procéder ?

1) Lire et relire la question, en analyser les termes.

Exemple : Quelle place la nouvelle et le film *La princesse de Montpensier* accordent-ils aux chevaux et aux duels ?

=> On rappelle qu'il faut parler des deux oeuvres. La nouvelle parle peu des chevaux et des duels, le but est donc de montrer comment le film s'accorde des libertés et pourquoi il le fait.

=> « et » est un mot important : il invite à créer un lien entre les divers éléments. Ici, les chevaux comme les duels sont une réalité historique du XVIème siècle. Et tous deux sont présents dans le genre cinématographique du western, que Tavernier apprécie beaucoup.

2) Ecrire ses idées au brouillon

=> Tout ce qui nous passe par la tête et qui a un rapport avec le sujet : dans le film, la scène où le prince tombe de cheval vers la fin du film (lorsqu'il apporte la lettre du comte à Marie), les scènes où Chabannes s'occupe des chevaux ; dans la nouvelle, la scène de la rivière à la fin de laquelle la princesse monte à cheval avec «une grâce admirable»... Même travail pour les duels : dans la nouvelle, celui qui pourrait avoir lieu lorsque le duc découvre Chabannes dans la chambre de son épouse n'a pas lieu, etc.

3) Regrouper les idées liées de façon à obtenir un plan. Il n'est pas obligatoire que toutes les parties comportent le même nombre de paragraphes. C'est la cohérence qui est valorisée.

=> L'idée que le prince de Montpensier et le duc de Guise sont alliés à la guerre mais qu'ils se battent en duel à cause de leur rivalité amoureuse ira dans la même partie que l'idée qu'ils se battent par jeu au début du film.

4)   Rédiger en veillant à parler :

• du fond (des idées)

•   de la forme (aussi bien de la nouvelle : style concis, hyperboles, ... que du film : plan d'ensemble, ...)

Ne pas hésiter à parler d'éléments du contexte historique (ex : le cheval est le principal moyen de transport à l'époque) et d'éléments paratextuels (Tavernier a donné plusieurs interviews). Citer les oeuvres autant que possible (en plaçant les passages cités entre guillemets), de façon précise.

Exemple :

Madame de La Fayette parle très peu des chevaux dans la nouvelle. Le seul passage où ils prennent une certaine importance vient après la rencontre à la rivière : « Le duc d'Anjou lui aida à monter à cheval, où elle se tenait avec une grâce admirable. »

C'est l'occasion pour la novelliste de montrer la rivalité naissante entre les deux ducs (le duc d'Anjou agit sous le regard du duc de Guise) et d'insister sur la beauté de l'héroïne qu'elle évoquait jusque là par hyperboles.

Au contraire, Tavernier n'hésite pas à montrer des cavalcades de chevaux, lors des combats mais aussi lors des voyages des personnages (ce qui contribue au réalisme puisque c'était le principal moyen de locomotion de l'époque). Passionné de westerns américains, comme il le dit lui-même en interview, le réalisateur met ces bêtes en valeur en plaçant la caméra suffisamment bas et leur faisant parcourir des terrains accidentés. C'est l'occasion pour lui de montrer l'émancipation de la princesse de Montpensier lorsqu'elle part au grand galop, décidée à laisser libre court à sa passion avec De Guise, suivie par des personnages qui peinent à la rattraper. Vers la fin du film, Tavernier montre aussi dans un plan d'ensemble le prince qui épuise son cheval en retournant à son château avec la lettre de Chabannes ; cette scène montre la force de sa passion et de sa jalousie.

Astuce 1 : ne pas passer trop de temps sur l'introduction et la conclusion, c'est le développement qui fait l'essentiel de la note.

Astuce 2 : pour chaque question, il faut une introduction. Mais il ne faut pas reprendre, à la seconde question, la même introduction que pour la première question ! Il faut adapter l'introduction au sujet. Elle se compose de trois étapes :

•   on amène le sujet. C'est l'étape la plus délicate. Sans répondre déjà à la problématique, on doit s'approcher du sujet.

•   on pose la problématique.

•   on annonce sommairement le plan.

Astuce 3 : pour chaque question, il faut une conclusion. Elle comporte deux étapes : répondre brièvement à la problématique en résumant ce que l'on a vu dans le développement, puis trouver une ouverture. La meilleure ouverture consiste à citer une autre oeuvre littéraire qui présente un lien avec le sujet. Mais attention ! Pour que cela soit valorisé, il faut justifier la référence ! Ne pas se contenter de «balancer» un titre et un auteur, il faut expliquer en quoi il est lié au sujet.

Exemple d'ouverture dans un sujet portant sur la passion dans *La princesse de Montpensier* : Lorsqu'en 1667, Racine fait jouer sa pièce *Andromaque*, il utilise des thèmes que l'on a vu présents dans l'oeuvre de Madame de Lafayette : la rivalité amoureuse (Oreste aime Hermione qui aime Pyrrhus qui aime Andromaque) et la force d'une passion qui mène les personnages à la mort.

Certaines phrases de la nouvelle et du film permettent de répondre à de nombreux sujets, il est utile de les mémoriser. La liste ci-dessous n'est pas exhaustive, apprenez autant de passages que possible !

Dans la nouvelle :

« Pendant que la guerre civile déchirait la France sous le règne de Charles IX, l'amour ne laissait pas de trouver sa place parmi tant de désordres, et d'en causer beaucoup dans son empire. »

=> C'est la première phrase du livre. On y constate un parallélisme entre Guerre et Amour mais c'est bien l'Amour le sujet principal puisque la Guerre n'est évoquée que dans la proposition subordonnée alors que l'Amour figure dans la proposition principale.

« Ce fut le coup mortel pour sa vie : elle ne put résister à la douleur d'avoir perdu l'estime de son mari, le coeur de son amant, et le plus parfait ami qui fût jamais. Elle mourut en peu de jours, dans la fleur de son âge, une des plus belles princesses du monde, et qui aurait été sans doute la plus heureuse, si la vertu et la prudence eussent conduit toutes ses actions. »

=> C'est la dernière phrase de la nouvelle, elle constitue une morale qui correspond aux valeurs du classicisme et de la préciosité. Le duc d'Anjou est le seul des quatre protagonistes masculins à ne pas être évoqué car la princesse n'a éprouvé aucun sentiment pour lui.

« Quelque honte qu'il trouvât à se laisser surmonter, il fallut céder et l'aimer de la plus violente et de la plus sincère passion qui fut jamais. »

=> Le comte de Chabannes est l'idéal de l'honnête homme tel que l'a valorisé le classicisme. Mais lui aussi succombe à l'amour, ce qui montre la force de la passion. On notera la tournure impersonnelle « il fallut céder » qui montre que le comte n'est plus maître de lui-même. On remarquera aussi l'hyperbole « la plus violente… jamais », figure de style fréquente chez les précieuses.

« Elle leur parut une chose de roman. »

=> Cette phrase correspond au moment où les ducs voient la princesse à la rivière. Lorsque Mme de Lafayette montre une action qui semble invraisemblable, elle reste cependant réaliste : en signalant que les personnages eux-mêmes la trouvent invraisemblable. Après tout, la vraie vie comporte parfois des éléments incroyables. Le procédé est déjà utilisé à propos de Chabannes qui quitte les huguenots par amitié pour le prince : cela semble invraisemblable à la reine.

« Le trouble et l'agitation étaient peints sur le visage de la princesse »

=> Lorsqu'à la Cour, De Guise parle de sa passion à la princesse, celle-ci rougit. La passion peut s'exprimer par la parole mais aussi, comme le montre cette métaphore, par des éléments non verbaux.

« elle n'était pas insensible à sa passion » (p. 66 de l'édition GF, 2017)

=> L'utilisation de la litote est un trait de style caractéristique de la préciosité.

« le prince de Montpensier, qui par malheur était éveillé dans ce moment, l'entendit »

=> Certes, le narrateur termine la nouvelle par une morale sur l'attitude de la princesse. Mais ici, le « par malheur » montre que sa sympathie va à la princesse et non au mari.

Dans le film :

« Automne 1567. La paix entre catholiques et huguenots durait depuis près d'un an lorsque la guerre reprit avec la soudaineté d'un feu de broussailles mal éteint. »

=> Ce texte apparaît au tout début du film. Il n'évoque pas l'Amour comme dans le parallélisme du début de la nouvelle. Il montre néanmoins un aspect littéraire avec la métaphore du feu de broussailles. Le spectateur du XXème siècle connaît mal le XVIème siècle ; contrairement à Mme de Lafayette, Tavernier doit donc donner quelques explications contextuelles.

« Asservis à des routes immuables, respectueux de la hiérarchie universelle qui maintient le faible dans l'orbite du fort sans jamais l'écraser, ils nous enseignent la simple obéissance aux lois d'équilibre et de modestie sans lesquelles d'effroyables collisions se produiraient, entrainant d'effroyables malheurs. »

=> Lors de sa leçon d'astronomie, Chabannes incite implicitement Marie à ne pas s'émanciper, à respecter son mariage arrangé. Mais lui-même a du mal à suivre ses principes...

« L'amour est la chose la plus incommode du monde. »

=> Cette phrase prononcée par la mère de Marie pour l'inciter à accepter son mariage est une phrase issue de la correspondance de Mme de Lafayette. C'est une maxime, comme en écrivait La Rochefoucauld, ami de la novelliste.

« Soumettez-vous ! »

=> Cette phrase à l'impératif montre la violence du père de Marie qui veut imposer un mariage arrangé, ce qui est ordinaire au XVIème siècle. Remarquons que la mère va dans le même sens que son mari puisqu'elle prononcera la même phrase mais sur un ton plus doux.

« Cette barque, comme une estrade... »

=> C'est le prince qui, par jalousie, adresse ce reproche à sa femme. Notons que, dans la nouvelle, il y a une comparaison lors de l'extrait de la rivière, qui assimile le duc de guise à un saumon. Tavernier ne la reprend pas mais il donne ici un tour littéraire au dialogue avec cette autre comparaison.

« Ayant perdu l'estime de votre mari et le coeur de votre amant, au moins vous restera la parfaite amitié de François, comte de

Chabannes. »

Cette phrase qui fait partie de la lettre de Chabannes et qu'on entend en voix off après sa mort rappelle fortement la dernière phrase de la nouvelle, ce qui montre la volonté de Tavernier, malgré les libertés qu'il prend avec l'oeuvre originale, d'en garder l'essentiel.

« Comme François de Chabannes s'était retiré de la guerre, je me retirais de l'amour. »

=> Cette phrase prononcée par la princesse à la fin du film rappelle fortement le parallélisme du début de la nouvelle.

Essayez de répondre aux questions suivantes pour vous assurer que vous connaissez bien les oeuvres :

1) Lorsque Madame de Lafayette évoque le caractère d'un personnage, quelle famille de mots utilise-t-elle souvent ?

2/ Dans le film, lorsque Chabannes déclare son amour à la princesse, quelle fleur aperçoit-on ?

3/ Au tout début de la nouvelle, à qui l'héroïne était-elle promise en mariage ?

4/ Que pense Catherine de Médicis du fait que Chabannes ait abandonné le camp huguenot ?

5/ Dans la nouvelle, où le duc d'Anjou acquiert-il de la gloire en combattant ?

a) à la bataille de Jarnac b) à la Saint Barthélémy c) à la bataille d'Austerlitz d) à la bataille de Champigny

6/ Dans la nouvelle, comment réagit la princesse dans la nouvelle lorsqu'elle revoit De Guise à la rivière ?

7/ A quelle occasion le duc de Guise déclare-t-il à la princesse qu'il l'aime toujours ?

8/ Associez le type d'amour au personnage masculin qui lui convient :

Amour sacrificiel / Amour libertin / Jalousie maritale / Amour d'enfance

9/ Dans le film, quel prénom porte l'héroïne (alors qu'on ne le donne pas dans la nouvelle) ?

10/ Qui est « lui » dans cette phrase de la nouvelle : « son amitié se réveillant lui donna de la douleur, mais enfin le souvenir de l'offense qu'il croyait en avoir reçu lui donna de la joie » ?

Réponses :

1) Elle utilise les mots de la famille de « naturel » : voir pages 46 (deux fois), 61 et 62.

2) Il s'agit d'une rose, métaphore visuelle de son amour.

3) La princesse est promise au duc du Maine, le frère du duc de Guise.

4) Elle s'en méfie.

5) Le duc d'Anjou acquiert de la gloire au combat lors de la bataille de Jarnac. Notons que la Saint Barthélémy n'est pas une bataille mais un massacre.

6) La princesse rougit.

7) Il profite d'un moment où il y a peu de monde à la Cour de la reine.

8) Amour sacrificiel = Chabannes, par exemple lorsqu'il permet à la princesse et au duc de Guise de correspondre par lettres.

Amour libertin = D'Anjou. Les mots « galant » et « galanterie » sont souvent associés à ce personnage qui n'hésite pas à mentir pour obtenir ce qu'il veut (« inventa une affaire considérable» p.50, « feignant toujours des affaires extraordinaires » p.52). Il renonce à la princesse au bout d'un an.

Jalousie maritale = Le prince de Montpensier. Chez lui la jalousie est « naturelle », « prévoyant bien qu'il ne serait pas seul à la trouver belle »

Amour d'enfance = De Guise. Sa passion est « augmentée » à la scène de la rivière.

9) C'est Marie.

10) C'est le prince de Montpensier (lorsqu'il découvre le cadavre du conte de Chabannes).

Marie Madeleine de Lafayette

Passionnée de littérature (éducation, salons, amis écrivains)

Se documente pour écrire (elle lit *Histoire des guerres civiles de France* de l'historien Davila et *L'histoire de France depuis Faramont* de Mézeray)

Fait appel à ses amis pour la conseiller (Segrais, Ménage, La Roche-foucauld) pour des tournures de phrases ou pour la disposition de l'histoire. Pour *La Princesse de Montpensier*, elle écrit gentiment à Ménage qui l'a aidée pour la grammaire :

« Je vous prie de demander au libraire jusques à trente exemplaires de notre Princesse.»

Peu engagée. Qualifie la Saint Barthélémy d'« horrible massacre » mais ne la décrit pas longuement, ne parle pas des violences sur les cadavres. N'emploie pas de terme péjoratif quand elle utilise le mot « guerre ». (Comparer avec D'Agrippa d'Aubigné)

Préfère l'anonymat (mal vu qu'une femme gagne de l'argent avec des romans, genre jugé mineur). Dans sa correspondance avec Ménage, parlant de la nouvelle, elle dit :

« Elle court le monde, mais par bonheur ce n'est pas sous mon nom. Je vous conjure, si vous en entendez parler, de faire bien comme si vous ne l'aviez jamais vue et de nier qu'elle vienne de moi si par hasard on le disait. »

Oeuvres courtes (nouvelle ou roman très court)

Homogénéité des oeuvres (dont *La princesse de Clèves*) : héroïne + passion + fin malheureuse

Bertrand Tavernier

Passionné de cinéma (étudiant, il abandonna ses études de droit, passa son temps au cinéclub, écrivit dans des revues de cinéma, se fit des amis dans le milieu du cinéma)

Se fait conseiller par un historien : Didier Le Fur, et se documente. Sa costumière est Caroline de Vivaise (qui a eu le césar des meilleurs costumes pour *Germinal* en 2006)

Fait appel à ses amis, écoute leurs conseils (Philippe Sarde lui dit que ce qui est important dans *La Princesse de Montpensier*, ce n'est ni la guerre de religion, ni l'époque mais avant tout la Passion et il compose donc des thèmes lyriques)

Très engagé : dans son cinéma (*L627, ça commence aujourd'hui,* etc.) Milite contre la colorisation des films en noir et blanc. Soutient SOS racisme

Aime parler de ses oeuvres, en interview, lors de rencontres avec des lycéens

Pour *La Princesse de Montpensier* : 139 mn

Hétérogénéité des oeuvres : science fiction, policier, adaptation, film historique, documentaire...

SUJET : QUELLE PLACE LA NOUVELLE ET LE FILM LA PRINCESSE DE MONTPENSIER ACCORDENT-ILS AU THÈME DE L'AMITIÉ ?

(remarque : les numéros de pages renvoient à l'édition GF 2017)

Le XVIIème siècle est l'époque des salons précieux tenus par des femmes lettrées comme Melle de Scudéry. On y lit des poèmes, on y pratique des jeux littéraires, et on y discute de l'Amour en se servant de la célèbre « carte de Tendre » issue du roman héroïque *Le Grand Cyrus*. Mais comme l'Amour prôné est un amour platonique, on y parle aussi beaucoup d'Amitié, cette amitié dont La Rochefoucauld, qui fréquente ces salons, dit dans ses *Maximes* qu'elle repose sur l'Amour-propre. On ne s'étonnera donc pas de voir ce sujet abordé par Madame de Lafayette, à la fois précieuse et amie de La Rochefoucauld, dans sa nouvelle de 1662 *La Princesse de Montpensier*. Trois amitiés y sont données à voir, que l'on retrouve dans l'adaptation cinématographique de Bertrand Tavernier en 2010. L'une d'elles concerne le duc d'Anjou et le duc de Guise, les deux autres concernent le Comte de Chabannes.

L'amitié entre le duc de Guise et le duc d'Anjou repose avant tout sur une communauté de destin. En effet, les deux hommes sont jeunes (ils ont 16 et 15 ans au début de la nouvelle ; Tavernier a choisi un acteur de 25 ans et un de 28 pour incarner ces personnages) et ils font la guerre dans le même camp. Catholiques, ils s'opposent aux protestants (même si l'ardeur du duc de Guise dans ce combat dépasse de loin celle du duc d'Anjou, au caractère plus politique, à l'image de sa mère Catherine de Médicis). C'est d'ailleurs dans un même paragraphe que le narrateur évoque de façon similaire les deux ducs à la guerre (p.47) : « Le duc d'Anjou y acquit beaucoup de gloire par plusieurs belles actions (...) Ce fut dans cette guerre que le duc de Guise commença à avoir des emplois considérables ». Lorsqu'ils rencontrent ensemble l'héroïne à la rivière (p.49), l'aventure donne « une nouvelle joie à ces jeunes princes » qui se taquinent alors sur le sujet (ils recommenceront p.53, « faisant leur agréable conversation de l'aventure qui leur avait découvert la princesse de Montpensier ») avant de monter tous deux dans la barque.

Dans le film de Tavernier, seul le duc d'Anjou monte dans la barque, ce qui annonce déjà ce que va devenir cette amitié de circonstances : la rivalité amoureuse pour obtenir la princesse va générer entre eux une haine mortelle. Juste après avoir quitté Champigny, D'Anjou lance cette menace à son camarade : « Si tu m'as trompé sur ton coeur et le sien, si tu m'as trompé, face à face ! Sans merci ! » Dans la nouvelle, après avoir découvert lors d'un quiproquo au bal royal que l'héroïne aime De Guise, D'Anjou va déclarer à son ancien ami : « souvenez-vous que la perte de votre vie sera peut-être la moindre chose dont je punirai quelque jour votre témérité. » Dans le film (à 1h41), Tavernier adopte une mise en scène qui mêle l'ancienne amitié et la haine entretenue par la jalousie : D'Anjou commence par passer son bras autour du cou du duc de Guise avant de le menacer de mort.

Le comte de Chabannes, lui, est l'ami du prince de Montpensier. Il éprouve pour ce dernier une «estime» et une «confiance» (p.42) telles qu'il ne va pas hésiter à cesser de soutenir les protestants durant la guerre parce que le prince est du côté des catholiques. Ce choix dicté uniquement par l'amitié provoque les soupçons de la reine elle-même. Cependant, le comte est amoureux de l'héroïne, le prince de Montpensier est donc un rival pour lui, et il est vrai que Chabannes oublie son amitié avec le prince lorsqu'il ose déclarer son amour à la princesse. D'ailleurs, p. 45, elle lui rappelle « ce qu'il devait à l'amitié et à la confiance du prince son mari ». Néanmoins, cet oubli n'a lieu que lorsque le prince est absent. Dès qu'il est de retour au château, Chabannes fait en sorte que les deux époux (qui sont des étrangers l'un pour l'autre en raison de la guerre qui les sépare sans cesse) vivent en harmonie. Le narrateur nous apprend (p. 46) qu'« avec une sincérité aussi exacte que s'il n'eût point été amoureux », Chabannes « dit au prince tout ce qu'il connaissait en cette princesse capable de la lui faire aimer, et avertit aussi Mme de Montpensier des choses qu'elle devait faire pour achever de gagner le coeur et l'estime de son mari. » Il fait donc passer son amitié pour le prince avant son propre intérêt.

Quant au prince de Montpensier, il laisse le comte en toute confiance avec son épouse à Champigny. Son amitié pour lui remonte à sa « plus tendre jeunesse » (p. 42). Il le protège de la reine qui voulait le faire arrêter (p.43). Et même lors du flagrant délit nocturne à la fin de la nouvelle, il a tellement confiance en son ami que la situation lui semble impossible : il « ne croyait pas voir ce qu'il voyait » (p. 75). D'un ton « qui faisait voir que l'amitié combattait encore pour lui » (p.76), il demande des explications au lieu de s'emporter et reste persuadé qu'il existe « quelque mystère dans cette aventure qu'il ne pouvait démêler » susceptible d'innocenter Chabannes. Ce n'est qu'à la fin de la nouvelle, lorsqu'il découvre le cadavre du comte après la Saint-Barthélémy, que ses sentiments sont plus confus : « son amitié se réveillant lui donna de la douleur ; mais enfin le souvenir de l'offense qu'il croyait en avoir reçu lui donna de la joie ».

Le film de Tavernier ne développe pas comme la nouvelle cette amitié entre le duc et le comte. On sait tout de même dès les premières minutes que le prince a été l'élève du comte durant cinq ans et que ce dernier lui a « tout appris ». Mais très vite, les relations deviennent hiérarchiques : le prince ordonne au comte d'éduquer sa femme afin qu'elle brille à la Cour, et lorsqu'il apprend qu'il l'appelle « Marie », il lui tourne le dos puis lui interdit de le faire. Quant à Chabannes, s'il renonce à lutter aux côtés des protestants, ce n'est plus par amitié mais parce qu'il a tué involontairement une femme enceinte lors des affrontements, ce qui l'a définitivement dégoûté de la guerre. L'intrigue y gagne en réalisme mais y perd en sentiments.

La troisième amitié que l'oeuvre donne à voir concerne Chabannes et la princesse. Dans la nouvelle, Chabannes est sensible à la « beauté », à l'« esprit » et à la « vertu » de la princesse ; la princesse, quant à elle, éprouve de l'« estime» pour le comte (p.43). En raison de cette amitié, Chabannes décide d'éduquer l'héroïne, on nous dit qu' « il la rendit en peu de temps une des personnes du monde la plus achevée ». Le processus est inverse dans le film : Chabannes tient d'abord un rôle pédagogique. On le voit, debout, corriger avec des gestes de professeur le latin de son élève assise. Et progressivement va naître une amitié, notamment parce que la princesse pose au comte des questions plus personnelles (lors de la nuit où ils observent les étoiles et lors d'une sortie en pleine nature pour trouver des plantes médicinales) sur ce qu'il pense ou sur ce qu'il a vécu.

Mais cette amitié va subir une double évolution. D'une part, chez le comte, elle va se transformer en amour (« il ne fut pas maître de son coeur », p.44). D'autre part, chez la princesse, cette amitié cèdera face à la passion qu'elle éprouvera pour le duc de Guise. Alors qu'elle sait que Chabannes l'aime, elle lui parle de ses sentiments pour De Guise. « La princesse de Montpensier, continuant toujours son procédé avec lui, ne répondait presque pas à ce qu'il lui disait de sa passion et ne considérait toujours en lui que la qualité de meilleur ami du monde, sans vouloir lui faire l'honneur de prendre garde à celle d'amant », lit-on p.54. Elle va même jusqu'à demander à Chabannes de lui apporter les lettres d'amour de son amant et lui fait « avaler tout le poison imaginable en lui lisant ses lettres, et la réponse tendre et galante qu'elle y faisait. » Lorsque le comte menace de partir définitivement, la princesse le retient mais s'il est dit que c'est parce qu'elle ne peut « se résoudre à le perdre » à cause de l'amitié qu'elle a pour lui, il est précisé que c'est également parce qu'il lui est « nécessaire » (p. 69) dans sa relation avec De Guise !

A travers ces trois amitiés, une amitié de circonstances (entre D'Anjou et De Guise), une amitié profonde mise à mal (entre Chabannes et le prince) et une amitié qui se transforme en amour platonique malheureux (entre Chabannes et la princesse), Mme de Lafayette et Bertrand Tavernier dressent un tableau plutôt pessimiste de ce sentiment. Néanmoins, la nouvelle et le film se terminent sur l'évocation de Chabannes, « le plus parfait ami qui fut jamais » de façon à valoriser l'Amitié. Rappelons que même si elle partageait le scepticisme envers les humains de son ami La Rochefoucauld, Mme de Lafayette n'allait pas jusqu'à lui accorder que, comme il l'écrit dans les *Maximes*, « Ce que les hommes ont nommé amitié n'est qu'une société, qu'un ménagement réciproque d'intérêts, et qu'un échange de bons offices ; ce n'est enfin qu'un commerce où l'amour-propre se propose toujours quelque chose à gagner ». Elle a d'ailleurs toujours pris grand soin de ses amis, allant jusqu'à offrir à son ami Ménage devenu pauvre vers la fin de sa vie la possibilité de vivre chez elle.

COURS : INFLUENCE DE TROIS GENRES

GENRE	Roman courtois	Nouvelle	Roman pastoral
OEUVRES (+ époque)	Par exemple *Lancelot*, *La mort du roi Arthur* (Moyen âge)	1 : *Décaméron* de Boccace (1353), 2 : *Cent nouvelles nouvelles* (1462), 3 : *Heptaméron* de Marguerite de Navarre (1559), 4 : *Histoires mémorables et tragiques de notre temps* de François de Rosset (1614)	*L'Astrée* d'Honoré d'Urfé (1627)
INFLUENCE	Valorisation de la femme, Hyperboles	Histoires courtes, Réalisme, Thème de l'Amour	Utilisation de personnages historiques dans les histoires contées par les personnages
MAIS	Epique, Hyperboles jusqu'à l'excès (contradictions)	1 et 3 : variété de ton (comique, pathétique, etc.) Cherche à distraire. 2 : très anticlérical. 4 : meurtres inspirés de fait réels, coups de théâtre, cherche à susciter l'horreur.	Période de l'histoire : Vème siècle ap.J.C. Rois wisigoths : Torrismond, Euric ; roi vandale : Genséric ; roi des Huns : Attila ; Empereur romain : Valentinien III ; Généralissime : Aetius.
ORIGINALITE DE MADAME DE LAFAYETTE	Ne montre pas la guerre, ne fait que l'évoquer, Hyperboles modérées (influence du classicisme). *	Concision et relative neutralité (comme une chronique).	Période proche du moment de l'écriture (à peine un siècle entre les deux), histoire mieux connue des lecteurs ; descendants encore en vie.

* Dans la littérature médiévale, l'hyperbole est employée au point d'en devenir un peu ridicule parce que contradictoire : Lancelot peut croiser une femme dans une forêt dont on dira qu'elle est «la plus belle du monde», puis en croiser une autre quelques pages plus loin qui sera qualifiée exactement de la même façon... Dans *Le bel Inconnu* de Renaut de Beaujeu, ce sont les combats qui sont l'un après l'autre, «le meilleur qu'on ait jamais vu depuis la création d'Adam».

Certes, Madame de Lafayette emploie volontiers l'hyperbole, par exemple lorsqu'elle utilise le nombre « mille » : « pires mille fois que toutes les rigueurs... », «mille excuses et mille compliments», « mille marques cachées de la passion de ce duc », « mille coups à la porte ». Remarquons que l'hyperbole semble être ici plutôt une figure figée, autrement dit une figure qui n'est plus ressentie comme une figure.

Mais d'une façon générale, Madame de Lafayette modère souvent ses hyperboles :

- soit c'est le personnage qui fait l'hyperbole («qu'ils crurent surnaturelle», «Le duc d'Anjou lui avoua qu'il n'avait rien vu qui lui parût comparable à la princesse de Montpensier et qu'il sentait bien que sa vue pourrait lui être dangereuse s'il y était souvent exposé», «il lui fit comprendre la mortelle douleur qu'il aurait pour son intérêt», «la plus fidèle passion qui fut jamais» (phrase prononcée par le duc d'Anjou) ou encore «elle se trouva la plus malheureuse du monde».

- soit c'est le narrateur qui tempère en quelques mots la portée de l'hyperbole : «il la rendit en peu de temps une des personnes du monde la plus achevée», «jamais peut-être la fortune n'a mis des personnes en des états si violents», «une des plus belles princesses du monde»

- soit ce qui nous semble être une hyperbole n'en est en fait pas une : si un sentiment est effectivement extraordinaire, ce n'est pas exagérer que le qualifier d'extraordinaire. Ainsi, dire de Chabannes que «Sa passion était la plus extraordinaire du monde» et qu'il était «le plus parfait ami qui fut jamais» semble plutôt réaliste au vu de tous ses sacrifices par amour pour l'héroïne.

I. Les raisons du mariage :

1) Raisons classiques

- intérêt politique (par exemple celui de « Madame », Marguerite de Valois, avec Henri de Navarre : pour instaurer une paix entre catholiques et protestants, « une chose qui devait donner la paix à la France » p.62a ; celui de Catherine de Medicis à Henri, fils de François 1er, pour des jeux d'influence auprès du pape en Italie ; celui de Charles IX : «avec la fille de l'empereur Maximilien», Elysabeth d'Autriche : p.60). Le duc d'Anjou évoque avec ironie un tel mariage le concernant (à 56mn55s).

- intérêt de la perpétuation du nom (une reine peut être répudiée si elle ne donne pas d'enfant au roi)

- pour les biens : l'argent et les terres (Marie de Mézières est la seule héritière, p.39) C'est un aspect particulièrement développé chez Tavernier avec la scène de transaction entre les pères.

- pour le titre nobiliaire (un noble peut épouser une noble possédant un titre supérieur au sien) et le réseau d'influence (De Guise avec Madame : «la grandeur où ce mariage pouvait l'élever » p.59)

- par amour : avec l'héroïne et avec Madame, De Guise envisage le mariage en éprouvant des sentiments. Mais ce sont deux échecs. Son mariage avec la princesse de Portien est fait sans passion et il trompe sa femme (avec la marquise de Noirmoutiers : p.79)

2) Utilité dans l'intrigue :

- «justifié dans son esprit par son mariage », p. 66a. Le mariage du duc de Guise avec la princesse de Portien (p.64b) est une preuve qu'il n'est pas amoureux de Madame.

- Rompre une promesse (un contrat) de mariage est un affront fait à la famille rebutée, d'où la haine qu'éprouve De Guise pour le prince.

- occasion de montrer l'inconstance du duc de Guise : « vit avec joie la conclusion de ce mariage qui l'aurait comblé de douleur dans un autre temps », p.66b.

II. Comment le montrer ?

1) La jeunesse :

Mme de Lafayette insiste sur la jeunesse des mariés : « extrême jeunesse » (p.39) trois ans avant le mariage et «jeune prince» (p.41b). L'héroïne se marie à 16 ans, ce qui est habituel pour l'époque ; le prince à 24 ans. Il n'a donc que huit ans de plus qu'elle, à une époque où il était fréquent que le mari ait entre quinze et vingt ans de plus que son épouse.

Tavernier choisit des acteurs qui ont plutôt l'âge des personnages à la fin de la nouvelle (six ans de plus), leur jeunesse se voit donc moins que dans la nouvelle.

2) Evoquer ou développer :

Mme de Lafayette est très concise : elle n'évoque que brièvement la fréquentation du duc de Guise, ne montre pas la cérémonie de mariage : « elle épousa donc le jeune prince de Montpensier ».

Tavernier montre la fréquentation de façon anachronique (promenade sans chaperon) mais il colle davantage à l'Histoire en montrant le pouvoir des pères qui décident du mariage de leurs fils/filles : scène de transaction + scène où le père bat sa fille + « Soumettez-vous » de la mère + parents montrés en premier à la cérémonie de mariage, là où Mme de Lafayette écrivait seulement «tourmentée par ses parents» (p.41b)

Le mariage est l'occasion de montrer la réalité historique : voir la nuit de noces qui prouve à la fois la virginité de la femme (sinon, déshonneur, risque de bâtard prénuptial) et que l'acte sexuel a eu lieu (l'impuissance du mari est un motif pour annuler un mariage).

III. La condition de la femme dans le mariage

1) L'éducation

La nouvelle dit seulement que dans le cadre de leur amitié, Chabannes rend la princesse «une des personnes du monde la plus achevée» (p43). Le film développe l'aspect didactique du comte. En réalité, l'éducation des femmes à l'époque consiste à savoir coudre et gérer la maisonnée. Pour paraître à la Cour, on leur apprend aussi la danse, le chant, la poésie et les langues étrangères.

2) L'adultère

Au XVIème s., même si le mari n'est pas amoureux de sa femme, il lui en voudra d'avoir rompu le contrat de mariage en le trompant. Il peut la battre, voire la tuer (voir scène finale).

Tavernier a une vision «féministe» (terme qu'il utilise en interview) de l'héroïne : à la fin elle va voir De Guise à Blois malgré la menace du prince qui prévient qu'il rompra avec elle si elle fait cela. Attention ! On ne parle pas de divorce à l'époque ! On parle de séparation de corps et de biens et elle ne se faisait que par rupture à l'amiable (mais les époux restaient mariés).

Dans la nouvelle (p78b), c'est le prince qui est appelé à Paris pour en finir avec les huguenots. La séparation n'est donc à l'initiative d'aucun des deux époux.

(Remarque : pour ce sujet, seule l'introduction est rédigée. Entraînez-vous à rédiger un devoir en vous suivant du plan qui suit, de façon à ce que ce plan ne soit plus apparent).

Mme de Lafayette, en conformité avec les préconisations de son ami Segrais, publie en 1662 une nouvelle historique inspirée de l'histoire récente : celle du siècle précédent. Pour ce faire, on sait qu'elle a lu plusieurs ouvrages : *L'Histoire des guerres civiles de France* de l'historien italien Enrico Davila, *L'Histoire de France depuis Faramond* de François de Mézeray (1646) et une biographie du duc de Montpensier. Bertrand Tavernier, quant à lui, lorsqu'il décide d'adapter la nouvelle en 2010 et d'en proposer sa lecture, a déjà tourné plusieurs films à carctère historique, par exemple *La fille de D'Artagnan* et *Capitaine Conan*.

C'est la raison pour laquelle nous nous demanderons quel intérêt ces deux artistes ont pu trouver dans l'utilisation de ce que les Anglais nomment «History» pour raconter la «story» de leurs personnages.

Nous verrons dans un premier temps à quel point Histoire et histoire sont liées dans les deux oeuvres avant de souligner l'intérêt de la démarche de la novelliste et du réalisateur.

I. Histoire et histoire

1) Guerres historiques et histoires d'amour

Parallélisme chez Mme de Lafayette établi dès la première

phrase par le narrateur, repris dans le film par l'héroïne à la fin. Scène de guerre commence le film chez Tavernier, avec le personnage masculin le plus important (qui commence et finit le film). Alternance du récit entre évocation des batailles et histoire amoureuse des personnages. Par exemple la scène de la rivière intervient après une bataille où le duc du Guise et d'Anjou ont combattu ensemble.

2) Impact de l'Histoire sur l'histoire :

– à cause de la guerre, le prince est absent et met sa femme à l'abri, à Champigny (p.41), ce qui les rend étrangers l'un à l'autre (remarque faite par le prince dans le film).

– Le duc d'Anjou se fait passer pour malade pour rester avec la princesse : p.55. Rivalité des ducs.

– Le Duc de Guise y gagne en notoriété grâce à ses exploits guerriers, cela excite la jalousie du prince : « Le prince de Montpensier, qui le haïssait et comme son ennemi particulier et comme celui de sa maison, ne voyait qu'avec peine la gloire de ce duc » (p.48).

– C'est un crime de guerre qui pousse Chabannes à devenir neutre et la saint-Barthélémy cause sa mort.

3) Impact de l'histoire sur l'Histoire

Mme de Lafayette modifie la vraie Histoire par l'histoire :

– Mariage de Madame (Marguerite de Valois) avec De Guise impossible, non pour raison politique mais pour prouver son amour à la princesse de Montpensier. (p.59).

– D'Anjou fera tuer De Guise, non parce qu'il trouve qu'il est devenu un danger, mais par rivalité amoureuse.

II. L'intérêt

1)   Pour Mme de Lafayette :

Originalité car jusque-là contexte historique lointain (Antiquité) dans les grands romans héroïques ou pastoraux comme *L'Astrée*. Permet un réalisme dont les lecteurs commencent à être friands (lassitude des romans fleuves invraisemblables) car personnages dont le public connaît la vie (faits suffisamment récents). Univers à la fois différent (les guerres de religion sont finies depuis 1598, les ducs sont très puissants, certains s'opposent au roi) et présentant des points communs (la religion reste un sujet de forte tension, la vie à la Cour est assez semblable : fêtes, hypocrisie). Nécessité pour le libraire de formuler un avertissement car Anne-Marie Louise de Bourbon duchesse de Montpensier (1627-1693) arrière-petite fille de Renée d'Anjou et de François de Bourbon pouvait s'offusquer de la nouvelle qui montrait sa parente succomber à la passion.

2)   Pour Tavernier :

Le spectateur est dépaysé car, à l'inverse du lecteur de MDLF, il est peu familier du XVIème siècle (période lointaine et compliquée de l'histoire, où les nobles accumulent les divers titres, où les guerres succèdent aux trêves). D'où l'intérêt pour BT, conseillé par l'historien Didier Le Fur, de scènes réalistes, qui montrent la différence des moeurs de l'époque : tractations des pères pour le mariage (terres, etc.), public dans la chambre durant la nuit de noces, etc. Sens du détail : fourchette pour le duc d'Anjou alors que d'autres mangent avec leurs mains : correspond au fait que c'est Catherine de Médicis qui a progresivement fait adopter l'usage des couverts en France.

C'est un mouvement aristocratique, qui recherche à la fois le divertissement et le raffinement, la virtuosité verbale. Les précieux ont un goût pour le détour, l'allusion, le jeu de mots et la variation sur un thème.

Exemple de variation : « la belle matineuse » ; il s'agit d'écrire un poème où la beauté de la femme est comparée à celle de l'aurore.

Leurs figures favorites sont la périphrase, l'euphémisme, la litote et l'hyperbole.

Le sujet de prédilection des précieux est l'Amour (voir la carte du Tendre dans le roman *Clélie*), d'où le succès de la poésie galante (sonnets et blasons). Vincent Voiture et Isaac de Benserade y excellent. On prône l'amour platonique (sans relation charnelle).

On se réunit dans des salons parisiens (le plus célèbre est l'hôtel de la marquise de Rambouillet) où on lit des oeuvres, où l'on en parle, ce qui donne parfois lieu à des querelles littéraires comme la querelle du Cid.

On y joue : devinettes, charades, bouts rimés, portraits (qui expriment en peu de mots et de façon brillante le caractère de quelqu'un). On aime se donner des surnoms. Ainsi, Madame de Lafayette sera surnommée Féliciane, Hypéride, et Le Brouillard. Les précieux ont un goût certain pour les pointes (jeux de mots sur sens propre et sens figuré) et les anagrammes.

Le Jansénisme (mouvement religieux) influence ce mouvement et lui donne une vision pessimiste de l'Humanité.

Le mouvement précieux, élitiste (on méprise les bourgeois), va connaître des excès (parfois des querelles vaines comme la querelle des uranistes et des jobelins pour décider quel était le meilleur sonnet à la mode), sembler artificiel (comme dans le sonnet de Voiture sur Isabeau) et maniéré. Molière s'en moquera dans les *Précieuses ridicules*.

Adapter une oeuvre littéraire au cinéma est toujours un pari risqué pour un réalisateur : disposant de l'image et du son pour transposer un univers de mots, ce dernier risque toujours de ne pas parvenir à reprendre toutes les nuances de l'écrit. Cependant, Bertrand Tavernier qui adapte en 2010 la nouvelle de Madame de Lafayette intitulée *La princesse de Montpensier* dit lui-même en interview qu'il n'aime pas le mot «adaptation» pour parler d'un film qui reprend une oeuvre littéraire. Il lui préfère le mot «lecture», insistant sur le fait que le réalisateur apporte à l'oeuvre un regard personnel qui permet certaines libertés. On peut dès lors se demander quels changements il a choisi d'effectuer et les intentions qui les ont justifiés. Nous verrons d'abord son travail de «lecture» sur l'intrigue, puis sur le style et enfin sur les caractères des personnages.

De prime abord, le film respecte globalement le contexte historique de la nouvelle : le XVIème siècle déchiré par la guerre entre catholiques et protestants. Il respecte aussi le sujet principal : la Passion. On retrouve les grands moments de l'intrigue : le mariage forcé, la rencontre à la rivière, le quiproquo du bal et le rendez-vous nocturne entre la Princesse et le duc de Guise. Tavernier a tout de même supprimé un passage pour accélérer le rythme : l'exil de Marie à Champigny et l'échange de lettres avec De Guise. Mais pour l'essentiel, le réalisateur a plutôt procédé à un travail d'amplification. Par exemple, il montre les batailles et massacres qui ne sont que nommés par la novelliste, en particulier la Saint Barthélémy (pour critiquer les guerres de religion) et ajoute des scènes de duel, ce qui montre son goût pour le spectaculaire. Et puis, s'attardant sur le seul mot «tourmentée», il donne à voir une scène de violence du père suivie d'une scène ou la mère essaie de convaincre l'héroïne de se soumettre, ajoutant ainsi une dimension critique à son oeuvre sur les moeurs de l'époque.

En plus de ces développements, Tavernier opère des changements. Certains sont dûs aux circonstances : le film ne dispose pas d'un énorme budget, c'est pourquoi il faut renoncer à tourner une scène grandiose de bal ; le quiproquo aura donc lieu dans les coulisses du bal. Le château, quant à lui, n'est pas celui de Champigny comme dans la nouvelle, tout simplement car il est aujourd'hui en ruines. C'est pourquoi Tavernier en choisit un autre et lui donne le nom fictif de Mont sur Brac. Le début du film modifie considérablement l'intrigue puisque Chabannes n'abandonne pas la guerre par amitié pour le prince mais parce qu'il est horrifié d'avoir tué une femme enceinte, ce qui constitue un crime de guerre. Le réalisateur fait ce choix par souci de réalisme, pour rendre l'action du comte sans doute moins grandiose mais plus crédible. On peut constater un autre changement, plus secondaire, qui oriente le sens du récit, c'est que lors de la rencontre à la rivière, De Guise ne monte pas dans la barque comme dans la nouvelle. Cela renforce l'impression que le duc d'Anjou est tout puissant mais aussi que De Guise dissimule sa passion. Autre différence : c'est le prince de Montpensier qui annonce à sa femme la trahison de De Guise ; cette action souligne davantage que la nouvelle la rivalité entre les deux hommes. Enfin, notons une différence majeure : dans le film, l'adultère est consommé. Cela change notre regard sur la fin de l'histoire. Dans la nouvelle, on pouvait se dire que le duc quittait la princesse parce qu'elle était trop difficile à obtenir (il avait risqué le flagrant délit et avait dû s'enfuir). Dans le film, même si le duc dit qu'il s'est marié pour des raisons que Marie ne connaît pas (il prétend que ce mariage l'a «sauvé»), on peut se demander s'il ne la délaisse pas parce qu'il a obtenu satisfaction de son désir. Dernière différence cruciale : l'héroïne ne meurt pas (nous en reparlerons).

Voyons à présent si Tavernier a également pris des libertés avec le style de Madame de Lafayette. La nouvelle est écrite dans un style classique et précieux. Tavernier en a gardé le vocabulaire relativement soutenu et le vouvoiement entre les protagonistes mais les personnages s'appellent parfois par le prénom (Marie, Henri). On retrouve certaines phrases de la nouvelle, comme celle-ci : «Elle ne put résister à la douleur d'avoir perdu l'estime de son mari, le coeur de son amant et le plus parfait ami qui fut jamais», reprise dans la lettre finale de Chabannes avec de légers changements. On remarquera aussi que la maxime «L'amour est une chose bien incommode...» dite par la mère est une phrase qui fut écrite par Madame de Lafayette elle-même dans sa cor-respondance. Le réalisateur relève le défi de passer du discours narrativisé au discours direct (très peu présent dans la nouvelle) : le mot «surnaturelle» employé par le narrateur lorsque les ducs rencontrent la princesse dans sa barque devient ainsi le terme «féérique» prononcé par le duc d'Anjou. Passer de la narration en point de vue omniscient (focalisation qui permet l'analyse psy-chologique des personnages) à des scènes dialoguées oblige les acteurs à faire passer certaines nuances par le jeu des gestes et des regards, comme dans la scène du dîner où De Guise affirme, en par-lant de la guerre, qu'il «ne renonce jamais à ses sentiments» tout en fixant Marie.

Pour ce qui est des figures de style, la nouvelle égraine quelques métaphores traditionnelles qui assimilent l'Amour à un feu et la Séduction à une conquête militaire. Le film en propose parfois un équivalent visuel comme cette rose qui apparaît dans un plan moyen près de la princesse au moment où Chabannes lui déclare ses sentiments. On notera également que le Prince emploie une comparaison («Cette barque, au milieu de l'eau, comme une es-trade où se montrer»), certes moins audacieuse que celle de la novelliste qui assimile De Guise à un saumon. Néanmoins, il faut reconnaître que le réalisateur simplifie beaucoup le langage, dans le but de ne pas perdre le spectateur. Le «moi, j'étais sincère» du duc d'Anjou est beaucoup plus abordable que l'explication de ses sentiments donnée dans la nouvelle pour un spectateur du XXème siècle. Aussi, Tavernier renonce à reprendre les nombreuses hyperboles (par exemple «capable de guérir toute autre passion que la sienne», p.57) et litotes (par exemple «Cette nouvelle ne lui fut pas indifférente», p. 58) qui émaillent la nouvelle. De plus, loin de la bienséance dont faisaient preuve les Précieuses du XVIIème siècle, il montre plusieurs fois, par souci de réalisme, des corps nus. C'est le cas notamment à la nuit de noces (où Marie, entièrement dévêtue, est scrutée par son père).

Si l'intrigue et le style subissent quelques changements, les caractères des personnages ne sont pas en reste. Par exemple, dans la nouvelle, le duc d'Anjou aime la dissimulation ; dans le film, au contraire, il ne dissimule rien, allant jusqu'à l'insolence : «Je ferais volontiers l'échange» déclare-t-il au prince qui va rejoindre son épouse, au moment d'aller se coucher. Autre exemple, dans la nouvelle, le prince est jaloux avant même l'apparition de tout rival ; dans le film, la situation le rend surtout maladroit avec son épouse (par exemple lorsqu'il monte précipitamment les escaliers de son château au retour de la guerre, puis s'arrête, intimidé, aux pieds de sa femme), sa jalousie n'intervient qu'après l'épisode de la rivière. Tavernier fait du prince un personnage pathétique, notamment lorsqu'il reste devant la porte fermée de son épouse (avec un gros plan mémorable sur la main de la princesse qui reste hésitante sur la poignée mais ne l'actionne pas) : prêt à tout pardonner, le prince est cependant rejeté. Tavernier cherche ainsi à éviter deux stéréotypes : celui du politique manipulateur pour D'anjou et celui du mari jaloux pour Montpensier. Le comte de Chabannes, quant à lui, voit son rôle largement amplifié dans le film, notamment dans son rôle de pédagogue on le voit apprendre à Marie ce qui est nécessaire pour briller à la Cour. Tavernier en fait le véritable héros du film.

Mais le personnage dont le plus changement de caractère est le plus crucial pour le sens de l'oeuvre est celui de la princesse de Montpensier. En effet, la nouvelle semble avoir une visée moralisatrice qui est à l'inverse de celle de Tavernier. La première et la dernière phrase qui encadrent la nouvelle sont un avertissement («l'Amour ne laissait pas de trouver sa place parmi tant de désordres et d'en causer beaucoup dans son empire») et une morale («(...) qui aurait été la plus heureuse si la vertu et la prudence eussent conduit toutes ses actions».) La Prudence est une vertu cardinale au XVIIème siècle et on sait à quel point la Préciosité a prôné l'amour platonique. Tavernier, lui, déclare dans une interview qu'il désire faire une oeuvre féministe. C'est pourquoi il nous montre une Marie rebelle qui affirme qu'elle sait le latin «assez bien» quand son professeur lui dit l'inverse, qui affirme qu'elle entend «une alouette» quand il lui dit qu'il s'agit d'un loriot, mais surtout qui s'émancipe en apprenant à écrire et qui envisage même de quitter son mari pour rejoindre le duc de Guise. Le réalisateur choisit de ne pas faire mourir l'héroïne et lui fait dire que sa vie n'a plus de sens, ce qui sous-entend que seule la Passion donnait un sens à sa vie. Il s'oppose ainsi frontalement à la janséniste Madame de Lafayette pour qui il faut se méfier des passions.

Que ce soit dans l'intrigue, dans le style ou dans le caractère des personnages, le film reprend donc globalement les éléments de la nouvelle mais propose aussi des amplifications et des changements non négligeables. Cela permet à Tavernier de faire preuve de réalisme et d'apporter les simplifications nécessaires à un spectateur qui n'est pas familier des siècles éloignés. Tavernier fait porter sa critique sur les guerres de religion et la violence des hommes envers les femmes. Il valorise la Passion et l'émancipation féminine, quitte à s'opposer au message délivré par la nouvelle. D'une certaine façon, Madame de Lafayette n'est-elle pas à l'image de son héroïne qui, rejetant l'amour de Chabannes, tente de convaincre celui-ci avec des arguments rationnels pour mettre

fin à ses sentiments ? Car si la princesse finit elle-même par s'abandonner à la Passion, reconnaissant l'échec de la Raison à museler
les sentiments, la novelliste, elle, a fait de ce thème obsédant le
sujet central de toutes ses oeuvres. En même temps qu'elle nous
invite à nous méfier des passions, elle nous prévient implicitement qu'il est bien difficile de ne pas y céder.

Dans la nouvelle, Madame de Lafayette écrit ceci à propos du comte et de l'héroïne :

Le comte, ayant l'esprit fort doux et fort agréable, gagna bientôt l'estime de la princesse de Montpensier, et en peu de temps, elle n'eut pas moins de confiance et d'amitié pour lui, qu'en avait le prince son mari.

Chabannes, de son côté, regardait avec admiration tant de beauté, d'esprit et de vertu qui paraissaient en cette jeune princesse ; et, se servant de l'amitié qu'elle lui témoignait pour lui inspirer des sentiments d'une vertu extraordinaire et digne de la grandeur de sa naissance, il la rendit en peu de temps une des personnes du monde les plus achevées.

Elle insiste donc davantage sur l'amitié entre les deux que sur le rapport maître/élève.

Dans le film de Tavernier, le comte est davantage montré dans son rôle de pédagogue.

Par exemple dans cette scène (34:01) où le prince de Montpensier (à cheval, en position de domination) dit à son ami d'éduquer la princesse. Le réalisateur donne ainsi une touche de REALISME à la scène : alors que chez Mme de Lafayette, le rôle de mentor du comte semble venir de sa propre initiative, par amitié, chez Tavernier il correspond à une réalité du XVIème : on n'éduque pas les filles pour leur épanouissement personnel mais pour qu'elles fassent bonne figure à la cour.

Le réalisateur nous montre ensuite en plan rapproché (34:22) la princesse assise à son bureau en train d'étudier le latin puis son mentor (34:47) debout et marchant, lui adressant des remarques soulignées par des gestes professoraux. Tavernier revient à un plan rapproché sur Marie (35:37) lorsqu'elle refuse de continuer à étudier le latin en affirmant l'exact opposé de ce qu'affirme Chabannes et en demandant à apprendre à écrire. Notons que dans ce plan, le livre d'études a disparu. C'est l'occasion pour Tavernier de développer l'aspect FEMINISTE (terme qu'il emploie en interview) de son film : Marie est une jeune femme qui désire s'émanciper.

La princesse semble ensuite (35:43) beaucoup plus impliquée dans son activité. Le comte est toujours dans la même pièce qu'elle mais il ne la corrige plus (35:48), il s'occupe d'autres activités et semble se réjouir de voir son élève s'appliquer. Parmi les objets qui lui sont associés, on aperçoit un livre, un astrolabe et une sphère armillaire, ce qui non seulement prépare subtilement la scène suivante mais aussi montre le caractère HUMANISTE du personnage (intéressé par la science, ouvert au monde).

Ensuite vient une scène nocturne qui se déroule cette fois en extérieur (36:22). L'humanisme de Chabannes y est confirmé puisque ce dernier commence par évoquer des cultures étrangères. La pédagogie (suggérée ici par le doigt du comte qui montre le ciel) laisse progressivement place à une conversation philosophique (qui introduit la scène de rencontre avec Catherine de Médicis, reine férue d'astrologie) et à une scène de complicité (Marie demande son avis personnel au comte sur l'influence des étoiles).

La scène suivante se déroule sans Chabannes : Marie apprend à danser et semble s'amuser. Puis on voit le comte qui sort ; l'héroïne décide de l'accompagner. Surpris mais toujours dans son rôle de mentor, Chabannes prononce une phrase en latin et tente de parler d'une plante médicinale qu'il part chercher, mais très vite, la conversation s'oriente vers des détails plus intimes (38:31). Sur l'initiative de la princesse, la conversation n'est plus didactique, elle est amicale.

En conclusion, **alors que chez Madame de Lafayette, c'est l'amitié de Chabannes qui l'amène à un rôle de mentor, chez Tavernier, c'est son rôle de mentor qui l'amène à l'amitié**.

On peut se demander quel intérêt trouve Tavernier à mettre en relief l'aspect didactique du comte, et ce dès les premières minutes du film (07:45) lorsque le prince de Montpensier, s'adressant à ses hommes, déclare à son propos : « J'ai été cinq ans son élève. Il m'a tout appris ».

Par son savoir et sa sagesse (il abandonne le conflit religieux), Chabannes devient en fait le modèle de l'homme raisonnable ; il est exemplaire ; on peut attendre de lui cette qualité si souvent mise en valeur dans le classicisme : la maîtrise de soi. Or, comme les autres hommes, il va tomber passionnément amoureux de la princesse. Toute cette mise en scène autour de sa fonction de mentor permet donc de souligner le CONFLIT ENTRE RAISON ET PASSION, dont la Passion ressort gagnante.

Il est donc bien difficile de rester raisonnable. Et cela, le prince mais également la princesse, chacun à son tour, le fera remarquer au comte :

- Le Prince, à 07:48 : « Mais il semble qu'il ait oublié les principes qu'il m'a lui-même enseigné »

- La princesse, à 46:23 : « Vous oubliez, il me semble, très vite, les leçons que vous donnez ».

Lorsqu'il adapte en 2010, la nouvelle de Mme de Lafayette intitulée *La princesse de Montpensier*, Bertrand Tavernier donne une importance majeure au comte de Chabannes qui commence et termine le film. Sa mort est telle qu'elle lui donne même une dimension héroïque. Nous nous demanderons dans quelle mesure ces deux oeuvres mettent en valeur des contradictions chez ce personnage qui est le seul à être entièrement fictif (les autres sont historiques). Nous analyserons ses paroles, ses sentiments puis ses actes.

Tout d'abord, remarquons que le comte et contradictoire par rapport à ses paroles. Ainsi, quand la princesse évoque ses sentiments pour le duc de Guise, Chabannes la met en garde contre la passion : dans la nouvelle, elle affirme que sa passion pour le duc est «presque éteinte» et qu'elle n'éprouvera que du «mépris» pour qui la courtiserait. Le comte, après l'épisode de la rivière, se méfie d'un retour de cette passion de jeunesse et lui en parle ; dans le film, il la regarde fixement lorsqu'il comprend que De Guise fait des allusions à son amour durant le dîner (par exemple, parlant de la guerre, «[je] ne renonce jamais à mes sentiments.»). Pourtant, malgré son discours janséniste sur les passions dont il faut se méfier, le comte y succombe lui-même : «Il fallut céder» ; relevons la tournure impersonnelle qui met en valeur le fait que le comte subit ce sentiment.

La contradiction entre les paroles et les actes est soulignée deux fois dans le film. D'abord par le prince de Montpensier qui nargue son ancien maître au début : le comte lui avait appris qu'il ne fallait «jamais aller au bout de sa fatigue pour garder sa vigilance» mais il ajoute : «Il a oublié ce qu'il m'a lui-même enseigné» puisque le comte s'est laissé surprendre par des bandits de grand chemin. La princesse, elle aussi, est sensible à ce décalage entre paroles et actes et lorsque Chabannes lui déclare sa passion, elle répond : «Vous oubliez les leçons que vous donnez», à lui qui lui enseigne le latin, l'écriture mais qui lui tient aussi le même discours que sa mère avant le mariage arrangé en présentant l'amour comme quelque chose dont il faut se méfier et dont elle était aise qu'il n'y en ait pas eu entre elle et son mari.

Rappelons que dans la scène d'astronomie, Chabannes explique que les petites planètes sont soumises aux mouvements des plus grosses, et que l'on ne doit pas briser l'harmonie de cet ordre. Métaphoriquement, il dit que l'on doit suivre son destin sans se rebeller. Mais si l'on regarde ses choix de vie, il n'applique pas cette pensée : il ne se soumet pas à sa religion puisqu'il quitte le camp des huguenots (les protestants), ni à la reine Catherine de Médicis puisque le prince le défend au début de la nouvelle et à la fin, il part mener une vie certes dans la pauvreté mais dans la liberté, ressemblant aux cow-boys solitaires des westerns qu'affectionne Tavernier.

En outre, Chabannes est contradictoire dans ses actions par rapport à sentiments. Cela commence avec le fait qu'il se taise durant un an, d'après la nouvelle, alors qu'il désire déclarer son amour à la princesse. Le comte est un être tiraillé entre ce qu'il doit faire et ce qu'il a envie de faire, entre sa raison et ses désirs. On retrouve d'ailleurs cela dans sa lettre finale de la nouvelle (qui n'apparaît pas dans le film) où, ayant bu le «poison» méta phorique des conversations avec celle qui l'aime mais qui n'a d'yeux que pour De Guise, il lui déclare qu'il s'en va à tout jamais... mais il revient aussitôt qu'elle répond à sa lettre !

Le personnage va jusqu'à se sacrifier, d'abord en apportant les lettres du duc de Guise à Marie (seulement dans la nouvelle), puis en allant jusqu'à organiser le rendez-vous nocturne qui permettra l'adultère (même si ce dernier n'a pas lieu dans la nouvelle). Face au mari qui prend la princesse en flagrant délit, Chabannes assume d'être pris pour le coupable à la place du véritable amant, alors même que le prince est son meilleur ami. Ces actions extrêmes qui sont en totale contradiction avec son intérêt d'amant le rendent grandioses et font de lui «le meilleur ami qui fut jamais».

Enfin, le comte présente des contradictions d'une action à l'autre. Dans la nouvelle, en l'absence de son maître, Chabannes est tout à sa passion et bien que la princesse le lui ait interdit, il lui rappelle régulièrement ses sentiments. Mais dès que le prince revient de la guerre, il oublie sincèrement son intérêt d'amant et fait tout pour réconcilier les époux et leur apprendre à se connaître l'un l'autre, eux qui sont comme deux étrangers l'un pour l'autre à cause des longues absences du prince (juste après le mariage, ce dernier part pendant deux ans !)

De plus, dans le film, lorsqu'il sauve une femme enceinte lors de la Saint-Barthélémy, il prend de nouveau part au conflit. Certes, la raison qui l'anime n'est pas de défendre les huguenots : il agit ainsi parce qu'il regrette d'avoir tué une femme enceinte durant la guerre (comme le montre un plan où le comte essuie dans l'herbe son épée ensanlantée). Néanmoins, il entre ainsi en contradiction avec sa conduite habituelle qui consistait à ne plus se mêler d'aucun combat, ce qu'il avait d'ailleurs affirmé à De Guise lors du dîner à Champigny.

En conclusion, on voit bien que le comte est un être contradictoire : ses actions contredisent non seulement ses paroles mais aussi ses sentiments et ses autres actions. En cela, on peut remarquer qu'il est à l'image de l'héroïne éponyme car elle aussi est tiraillée entre la passion et la vertu et s'illusionne sur sa capacité à éteindre sa passion de jeunesse avant d'y succomber.

(remarque : je ne fournis ici qu'un plan possible pour répondre à ce sujet, vous pouvez en profiter pour vous entraîner à rédiger entièrement le devoir).

I. Un personnage secondaire ?

1) Condition sociale inférieure (par rapport aux ducs, à la princesse ; voir position du comte à la table de mariage). Personne ne le voit comme un rival. Mais valorisé dans le film : temps d'apparition à l'écran, le film commence et finit avec lui. Philippe Sarde lui consacre un thème musical.

2) Entre deux camps au niveau religieux (protestants / catholiques), au niveau sentimental (amour pour la princesse / amitié pour le prince). C'est la cause de sa mort dans la nouvelle ; mort plus héroïque dans le film : rachat de sa faute initiale (tuer une femme enceinte). Dimension pathétique aussi avec la lettre et sa voix off durant les dernières scènes.

II. L'amitié

1) Un amitié avec le prince plus forte dans la nouvelle : abandonne les huguenots par amitié (alors que chez Tavernier, il le fait en raison d'un crime de guerre, ce qui est plus réaliste)

2) Chez Madame de Lafayette, avant tout l'ami, chez Tavernier, avant tout le pédagogue. Mentor par amitié chez MLF, ami suite à son rôle de mentor chez BT (voir cours ci-dessus). Rôle de confident-moralisateur (+ rôle d'émancipation chez BT)

III. Un personnage grandiose

1) L'humaniste (connaissances en botanique, astronomie, etc.), l'«honnête homme» selon l'idéal du Classicisme (courageux, amoureux platonique, « maître de lui-même » p.68a) en même temps qu'une sorte de cow-boy (s'occupe des chevaux, finit seul).

2) Une passion exceptionnelle (« il fallut céder », « Vous oubliez bien vite les leçons que vous donnez ») qui ne cessera jamais, amour sacrificiel. Alter ego de la princesse : lutte entre vertu et passion.

Remarque 1 :

On peut distinguer deux types de lettres dans l'oeuvre : les lettres qui amènent des déplacements de personnages (« l'ordre qu'il reçut de s'en retourner à la cour » dans la nouvelle ; la lettre du père du prince qui lui demande de se rendre à la cour, à 1h06 dans le film) et les lettres d'amour.

Remarque 2 : les lettres sont l'occasion de montrer la difficulté qu'a la princesse de contacter son amant. Dans la nouvelle, c'est parce qu'elle ne peut remettre elle-même les lettres au duc de Guise (« Elle se trouva bien embarrassée à lui donner les moyens de lui écrire. ») ; dans le film, c'est parce qu'elle ne sait pas écrire. C'est à chaque fois Chabannes qui permet de résoudre le problème : dans le film, il apprend l'écriture à la princesse ; dans la nouvelle, il sert de messager aux deux amants.

Remarque 3 : dans les deux oeuvres, les lettres sont l'occasion de susciter la pitié du lecteur/du spectateur pour Chabannes. Mais chacune le fait à sa façon.

Mme de Lafayette insiste sur le tiraillement du comte dont l'amour sacrificiel le pousse à servir les intérêts du duc de Guise : « Comme sa passion était la plus extraordinaire du monde, elle produisit l'effet du monde le plus extraordinaire, car elle le fit résoudre de porter à sa maîtresse les lettres de son rival. » Il le fait avec douleur et tout le passage de la nouvelle consacré à cette correspondance met Chabannes en valeur :

« L'absence du duc de Guise donnait un chagrin mortel à la princesse de Montpensier, et, n'espérant de soulagement que par ses lettres, elle tourmentait incessamment le comte de Chabannes, pour savoir s'il n'en recevait point, et se prenait quasi à lui de n'en avoir pas assez tôt. Enfin, il en reçut par un gentilhomme du duc de Guise, et il les lui apporta à l'heure même, pour ne lui retarder pas sa joie d'un moment. Celle qu'elle eut de les recevoir fut extrême. Elle ne prit pas le soin de la cacher, et lui fit avaler à longs traits tout le poison imaginable, en lui lisant ces lettres et la réponse tendre et galante qu'elle y faisait. Il porta cette réponse au gentilhomme, avec la même fidélité avec laquelle il avait rendu la lettre à la princesse, mais avec plus de douleur. »

La métaphore du poison est forte et donne l'image d'une douleur qui dure longtemps. Chabannes, poussé à bout, finira par écrire lui aussi une lettre où il dit « un éternel adieu » à la princesse. Mais c'est encore l'occasion de montrer son tiraillement (« L'on est bien faible quand on est amoureux »), puisqu'il suffira d'une lettre de la princesse pour qu'il revienne vers elle et se soumette de nouveau à ses volontés.

Toute cette partie de l'histoire n'est pas reprise dans le film. Tavernier préfère inventer une lettre qui ne figure pas dans la nouvelle mais qui renforce le pathétique de la mort de Chabannes. Car si le début de la lettre est lu alors que le comte est encore vivant, la fin n'est lue qu'après le massacre de la Saint-Barthélémy. Tavernier dit d'ailleurs en interview qu'il voulait faire de Chabannes le personnage principal du film et lui donner une dimension héroïque. Voici la lettre :

[Dans une auberge (à 1h59 du film), Chabannes écrit une lettre à Marie, elle est lue en voix off. On voit ensuite la mise en place de la Saint Barthélémy]

« Princesse, très chère Marie, enfant,

Si je prends aujourd'hui cette liberté de vous écrire comme j'ai pris celle de vous aimer, c'est que, décidé à gagner Maucombe où je m'ensevelirai dans le silence, je me fais un devoir de vous servir une dernière fois. Je crains pour vous, madame. Ayant eu le bonheur de vous examiner tant d'heures, qui vous connaîtrait mieux que moi ? Qui connaîtrait mieux que moi votre dure innocence, jamais offerte, toujours dans le secret, attendant des autres qu'ils vous tirent un cri et rageant s'ils vous y contraignent ? Vous poursuivez seule le voyage de la vie, comme un pèlerin dans les ténèbres. Ne vous trompez pas d'étoile, Marie. Moi je connais la vôtre, à la distance d'une main au dessus de la constellation du Dauphin que nous avons observée ensemble. Je lui ai donné votre nom, et je suis assuré qu'elle est bien vôtre car, dès que je lui parle de ce qui me broie le cœur, elle s'éteint. S'il advenait, comme je le redoute, que vous soyez un jour...

[Pause : on assiste à la mort de Chabannes. Le prince découvre la lettre sur son cadavre. Il rentre au château et dialogue avec son épouse. Celle-ci se rend à Blois et lors d'un dialogue avec De Guise, elle cite la suite de la lettre de Chabannes :]

Sachez que rien ne vous assure de la continuité de sentiment de M. de Guise. S'il se présente une occasion plus favorable à ses intérêts [il me semble que c'est bien le cas aujourd'hui] vous le verrez tourner la tête ailleurs.

[Reprise de la voix off de Chabannes. Marie se rend à la tombe du comte.]

Pour moi, vous m'avez apporté l'émerveillement de la jeunesse : la vôtre, et la mienne tardivement resurgie. Où que je sois, vous m'accompagnerez. Adieu Marie, chère enfant. Le bonheur est une éventualité peu probable dans cette dure aventure qu'est la vie pour une âme aussi fière que la vôtre. Permettez moi de reparaître de temps à autre dans votre souvenir, comme une ces vieilles chansons que l'oubli n'efface jamais vraiment de notre mémoire. Ayant perdu l'estime de votre mari et le cœur de votre amant, au moins vous restera la parfaite amitié de François, comte de Chabannes. »

Jusqu'à la fin, Chabannes est celui qui sait : non seulement il connaît bien la princesse (« qui vous connaîtrait mieux que moi ? ») mais il sait aussi comment fonctionne De Guise (« vous le verrez tourner la tête ailleurs »).

On retrouve le tiraillement de Chabannes entre vertu et passion dans les premières phrases de sa lettre finale où il déclare : « décidé à gagner Maucombe où je m'ensevelirai dans le silence ». Pourquoi indiquer l'endroit où il se trouve s'il est vraiment décidé à être oublié de la princesse ? N'espère-t-il pas encore qu'elle cherchera à le contacter ?... Et lorsqu'il évoque le souvenir de la nuit où il lui montrait les étoiles, tout en conservant son rôle habituel de pédagogue (« Ne vous trompez pas d'étoile »), il ne peut s'empêcher de laisser transparaître son amour (« Je lui ai donné votre nom »).

La dernière phrase de la lettre est un écho du dernier paragraphe de la nouvelle.

Cette lettre constitue un moment émouvant du film, d'autant qu'elle est aussi l'occasion de voir la passion du prince de Montpensier : sur le thème musical de Chabannes, on le voit épuiser son cheval pour apporter la missive à la princesse, et lorsqu'il la lui remet, il est capable d'en citer le début par coeur. On peut se rappeler alors, pour comprendre sa douleur présente, cet ordre qu'il avait donné à sa femme : « Je veux une lettre chaque semaine » et la réponse cinglante de celle-ci : « Ce sera probablement la même à chaque fois. »

SUJET : COMMENT LE TROUBLE AMOUREUX SE MANIFESTE-T-IL
DANS LES DEUX OEUVRES ?

Dès le début de *La princesse de Montpensier* (publiée en 1662), Madame de Lafayette indique que l'Amour, même en temps de guerre, cause « beaucoup [de désordres] dans son empire ». C'est aussi la Passion qui occupe la place centrale de l'adaptation de la nouvelle par Bertrand Tavernier en 2010, sur le conseil de son ami Philippe Sarde. Nous nous demanderons comment les deux oeuvres expriment le trouble amoureux qui emporte leurs protagonistes. Nous verrons tout d'abord que ces derniers sont trahis par leurs réactions corporelles, puis nous montrerons qu'ils éprouvent un irrésistible besoin de parler de leur amour et de toucher l'être aimé. Enfin, nous verrons à quelles actions extrêmes la passion les conduit.

La passion s'exprime d'abord par le langage corporel. Ainsi, Mme de Lafayette indique que lorsque la princesse revit De Guise à la rivière, « sa vue lui apporta un trouble qui la fit rougir ». Et à la cour, lorsque le prince surprend le duc en train de parler à son épouse, il comprend la situation simplement en la voyant rougir à nouveau, comme le montre la métaphore « le trouble et l'agitation étaient peints sur le visage de la princesse sa femme ». Les yeux aussi peuvent trahir ce que l'on ressent, comme on le relève p. 62 de l'édition GF : « les yeux de cette princesse laissaient voir malgré elle quelque chagrin lorsque le duc de Guise parlait à Madame ». L'héroïne est consciente de ce que le non verbal peut révéler, et c'est d'ailleurs pourquoi, au bal, elle veut conseiller à De Guise de n'avoir d' « yeux que pour Madame ».

Tavernier donne également à voir des regards et des gestes qui révèlent la passion. Ainsi, il montre le prince gravir avec empressement les escaliers de son château pour rejoindre sa femme, et s'arrêter soudain d'un air intimidé. Lors de la scène de la rivière, deux plans successifs mettent en valeur un échange de regards embarrassés entre De Guise et la princesse. Le duc d'Anjou, quant à lui, perd l'équilibre au moment de monter dans la barque avec Marie et commente aussitôt : « C'est... votre beauté qui me trouble, madame ». Marie, elle, se trahit par un petit mouvement de recul lorsque De Guise parle durant le dîner au château et elle semble subjuguée par l'amour lorsqu'on la voit chez elle, dans un plan en plongée, affalée sur ses coussins, souriant et soupirant. Remarquons au passage que si le corps peut révéler le trouble amoureux, il peut aussi révéler son absence, comme le constate amèrement Chabannes lorsqu'il affirme que les silences de Marie lui ont «longtemps indiqué une légitime indifférence» (à 47mn52s).

En outre, le trouble passionnel pousse les protagonistes à éprouver un irrésistible besoin de déclarer leur amour. De Guise le fait durant le dîner à Champigny, c'est à dire dès qu'il en a l'occasion, sous forme de sous-entendus : parlant de la guerre, il déclare qu'il « ne renonce jamais à ses sentiments ». Plus tard, à la cour, sa déclaration est donnée au discours direct, ce qui est notable dans une nouvelle qui en comporte si peu. D'anjou, pour sa part, adressera maintes « galanteries » à la princesse dans la nouvelle, et la courtisera lourdement devant son mari lors du dîner dans le film (il propose d'échanger sa chambre pour rester avec elle). Mme de Lafayette précise que dès la rencontre à la rivière, les deux ducs « ne purent s'empêcher de lui faire connaître l'étonnement où ils étaient » devant sa beauté et son esprit. La princesse, elle, révèle son amour à De Guise lorsqu'elle exprime sa jalousie, p. 58. Chabannes est le seul qui parvient à taire sa passion durant un an, mais lui aussi finit par parler : «Il fallut céder».

Par ailleurs, les amoureux ont besoin de parler de leurs sentiments à d'autres personnes qu'à l'être aimé. C'est le cas du duc d'Anjou qui, en partant du château, n'a plus qu'un seul sujet de conversation avec De Guise : la princesse ! C'est le cas aussi de l'héroïne qui va jusqu'à lire à son ami Chabannes les lettres que son amant lui envoie et les réponses qu'elle lui fait, lui faisant ainsi « avaler à longs traits » un métaphorique « poison ». Dans le film, le prince confie également ses sentiments au comte, lorsqu'il se lamente de mal connaître son épouse et lui déclare « A moi, j'aimerais qu'elle écrive. » Quant à Chabannes, quelques mots de confidence lui échappent lorsqu'il avoue à son ami qu'il appelle la princesse par son prénom.

De plus, un autre aspect du trouble est développé chez Tavernier : les amoureux ont besoin de toucher l'être aimé. Cela se voit dès le début du film lorsque Marie et Henri se dérobent à la vue de leurs chaperons et plus tard, dans un recoin de la cour. Les deux fois, le duc caresse la princesse et l'embrasse, celle-ci se laisse d'abord faire puis s'enfuit, laissant le duc tout étonné. Ils finiront par commettre l'adultère.

Enfin, le trouble amoureux change le comportement des personnages, il les pousse à des actions extrêmes. Par exemple, il amène le prince à devenir violent, par jalousie : dans la nouvelle, Montpensier « donna de mauvaises heures » à son épouse et dans le film, non seulement il la saisit brusquement par le bras pour la sermonner dans sa chambre mais à la cour il est même sur le point de la frapper lorsque le comte intervient pour l'en empêcher. C'est aussi le trouble amoureux qui pousse les autres personnages à prendre des risques : pensons à De Guise qui, ayant renoncé à un mariage prestigieux avec Marguerite de Valois pour prouver son amour à l'héroïne, planifie un rendez-vous nocturne pour commettre l'adultère à Champigny alors même que le prince y est présent. Pensons à Chabannes qui, dans une passion qui va jusqu'au sacrifice, transmet à l'héroïne la correspondance de son amant et prend la place de ce dernier quand l'adultère est sur le point d'être découvert !

Ce trouble amoureux est d'ailleurs lié à la mort. C'est lui qui incite D'Anjou, animé par un « haine mortelle », à promettre à De Guise qu'il le tuera un jour et à laisser le prince à la tête de son armée pendant qu'il se remet d'une imaginaire maladie à Champigny, laissant ainsi le soin à la guerre de religion de le débarrasser d'un rival. C'est encore lui qui pousse De Guise et Montpensier à se battre en duel à la cour (et cette fois, non par jeu, comme au début du film, mais dans le but d'éliminer l'adversaire). C'est également lui qui laisse la princesse dans un tel état de chagrin qu'elle se laisse mourir à la fin de la nouvelle : «elle ne put résister à la douleur d'avoir perdu l'estime de son mari, le coeur de son amant, et le plus parfait ami qui fut jamais. Elle mourut en peu de jours, dans la fleur de son âge».

Nous avons donc vu que le trouble amoureux s'exprime d'abord par le langage du corps : le teint du visage, les regards et les maladresses peuvent trahir. Mais il se manifeste aussi dans le besoin de déclarer sa passion, d'en parler à d'autres, et dans le besoin de toucher l'être aimé. Enfin, il pousse ses victimes à des comportements extrêmes qui vont jusqu'au sacrifice de soi et jusqu'à la mort. On pourrait retrouver ces divers aspects dans *Phèdre* de Racine, tragédie écrite quelques années plus tard. En effet, l'héroïne y déclare : «Je le vis, je rougis, je pâlis à sa vue», elle finit par avouer ses sentiments, d'abord à Oenone puis à Hypolite lui-même, et elle finit par se donner la mort.

L'essentiel est :

- d'être rapide

- de montrer ses connaissances

- d'établir un lien avec la problématique

Il y a toutes sortes de façons d'introduire un même sujet. Par exemple, pour le sujet ci-dessus sur le trouble amoureux, voici six façons différentes d'amener le sujet et de poser la problématique (avant d'annoncer un plan, absent des introductions qui suivent) :

L'Amour est thème souvent abordé dans les salons précieux du XVIIème siècle. Melle de Scudéry, dans son roman héroïque *Clélie*, invente d'ailleurs une «carte du Tendre» qui répertorie les divers moyens dont l'homme dispose pour toucher le coeur de la femme qu'il courtise : la reconnaissance, l'estime, et surtout l'inclination. Madame de Lafayette fait partie des précieuses les plus renommées (elle fréquente très tôt les salons) et il semble donc naturel que toutes ses oeuvres fassent de la passion amoureuse un thème central. Bertrand Tavernier, quant à lui, réalise des films aux thèmes plus ecléctiques. Nous nous demanderons donc comment le trouble amoureux s'exprime dans sa nouvelle *La princesse de Montpensier* ainsi que dans son adaptation cinématographique par Tavernier.

Le terme «Passion» vient du latin «patior» et désigne donc

d'abord une souffrance. C'est bien ce sens qui est retenu par Madame de Lafayette dans sa nouvelle *La princesse de Montpensier*, puisqu'à propos du duc d'Anjou, elle écrit : «Il fut touché du même mal que le duc de Guise.» Cette souffrance apparaît aussi dans l'adaptation filmique de Bertrand Tavernier, par exemple dans la scène où l'héroïne, venue voir le duc de Guise dans sa chambre, lui demande de renoncer à elle car elle doit se marier. Mais c'est surtout le trouble que suscite la passion amoureuse qui occupe ces deux oeuvres. Nous nous demanderons donc comment il s'y exprime.

En écrivant *La princesse de Montpensier*, Madame de Lafayette fait preuve d'une grande originalité pour l'époque. En effet, alors que la mode est aux romans fleuves prenant *L'Astrée* d'Honoré d'Urfé pour modèle, elle écrit une nouvelle ; alors que la mode est aux débuts in medias res et aux analepses, elle écrit un récit linéaire ; alors que la mode est à l'évocation de l'Antiquité, elle situe l'action de sa nouvelle dans une période récente (le XVIème siècle) de l'Histoire de France. S'il y a un élément qui n'est pas original, en revanche, c'est de faire du trouble amoureux le thème central de son oeuvre. Bertrand Tavernier, qui adapte la nouvelle en film, insiste aussi sur la Passion, en accord avec Philippe Sarde qui considère qu'il s'agit du sujet essentiel de l'oeuvre et compose d'ailleurs des thèmes lyriques. Nous nous demanderons comment le trouble amoureux se manifeste dans ces deux oeuvres.

Mariée à 21 ans, Madame de Lafayette écrivait dans sa correspondance à son ami Ménage qu'elle était heureuse dans son mariage durant les premières années, mais elle précisait que «l'amour est une chose bien incommode» et se réjouissait de ne pas en ressentir. Cette phrase est reprise par Bertrand Tavernier dans son adaptation de la nouvelle *La princesse de Montpensier* et mise dans la bouche de la mère de l'héroïne. Elle montre bien la vision pessimiste de Madame de Lafayette, janséniste, sur l'Humain et sur la Passion. Dans cette logique, cette dernière termine sa nouvelle par une morale qui incite à se méfier de l'Amour : «et qui aurait été la plus heureuse si la vertu et la prudence eussent conduit toutes ses actions». Nous pouvons dès lors nous demander de quelle façon le trouble amoureux qui semble si puissant s'exprime chez chacun des protagonistes.

Dans *La princesse de Clèves*, oeuvre la plus connue de Madame de Lafayette, l'héroïne renonce à toute relation avec le duc de Nemours alors même qu'elle l'aime passionnément et qu'elle pourrait laisser libre cours à son sentiment puisqu'elle est veuve. Ce choix de la princesse repose sur une vision profondément pessimiste de l'Amour, selon laquelle les hommes sont capables de tous les excès pour obtenir le coeur de celles qu'ils courtisent, mais ils sont aussi volages car leur passion est éphémère dès lors qu'ils ont obtenu satisfaction. Déjà dans *La princesse de Montpensier*, l'auteure exprimait sa vision janséniste en montrant les terribles conséquences de la passion amoureuse. Si Bertrand Tavernier, dans son adaptation filmique, ne reprend pas la morale de la nouvelle, il garde bien la passion comme thème central. Nous pouvons par conséquent nous demander de quelle façon le trouble provoqué par l'Amour s'exprime dans les deux oeuvres.

Le classicisme est un mouvement littéraire qui a mis la Maîtrise de soi au centre de ses préoccupations. En forgeant l'idéal de l'honnête homme (qui doit être à la fois cultivé, élégant et poli), il insiste sur le fait que celui-ci doit avoir des actions modérées. Madame de Lafayette est certes une précieuse mais elle s'inscrit aussi dans ce mouvement. Prôner l'absence d'excès dans les actions ne l'empêche cependant pas de constater les ravages que peuvent povoquer les passions, et en particulier la passion amoureuse. Bertrand Tavernier, lui, n'appartient pas à un mouvement artistique en particulier, mais dans son adaptation de la nouvelle *La princesse de Montpensier* de Madame de Lafayette, il montre lui aussi à quel point le trouble amoureux peut avoir une incidence sur le comportement humain. Nous nous demanderons donc comment, dans ces deux oeuvres, ce trouble s'exprime.

Chez Mme de Lafayette, beaucoup en intérieur car elle insiste sur l'intimité. Chez Tavernier, beaucoup en extérieur, notamment car il montre la guerre.

Champigny devient Mont sur Brac dans le film (car Champigny est en ruines).

I. Champigny

1. Lieu comme protection : Champigny : évite la guerre, évite la Cour donc les liaisons dangereuses, voir dans la nouvelle « il ordonna à sa femme de s'en aller à Champigny pour se guérir de ses soupçons » et dans le film, les escaliers « Vertu pour guide ». Lieu où Chabannes instruit Marie (sphère armillaire sur le bureau, etc.)
2. Mais aussi lieu de possible adultère : D'anjou y reste sous prétexte d'être malade et éloigne le prince en l'envoyant à la guerre, le pont-levis sert de signal pour De Guise pour l'adultère.
3. La chambre : lieu où se protéger du mari. Mais en même temps prison : ambivalence scène avec la fenêtre à 1h14. + Lieu d'adultère.

II. Les autres lieux :

1. Elément déclencheur, lieu idyllique de la rivière qui fait paraître la beauté de la princesse « surnaturelle ». Impression de Destin qui s'accomplit : ducs perdus par hasard, princesse pour une fois sortie du château.

2. La Cour : lieu d'amusement (animaux près de la reine dans le film, scène du bal). Mais aussi lieu où il faut se dissimuler, tout le monde regarde et écoute. Paroles de Charles IX à De Guise sont publiques => affront.

3. Réalisme et symbolisme : lieux du quotidien chez BT pour plus de réalisme : chambre à coucher, carrosse, écurie, etc. + lieux de guerre chez Tavernier. Mais aussi valeur symbolique dans la scène où Marie ne sait pas encore qu'elle va être donnée en mariage au prince de Montpensier : la caméra, en vue subjective, la montre en train de regarder alternativement De Guise dans la cour et le prince sur le pont où vient d'avoir lieu le duel, elle est entre les deux. Cela symbolise le fait qu'elle sera la pomme de discorde pour eux.

Les lieux ne sont donc pas de simple décors, ils sont en lien étroit avec l'intrigue.

Dans la nouvelle :

- p. 49a : «fort belle, habillée magnifiquement». La princesse est belle naturellement et par sa parure.

- p. 60b : «leurs habits étaient tous pareils», «masque», ce qui permet le quiproquo + p.66a

- p. 62 : «paré d'un nombre infini de pierreries» : ce détail détail historique est repris chez Davila et apporte donc du réalisme au récit.

Dans le film :

- L'affiche du film montre une forte caractérisation des personnages : D'Anjou est en rouge, le prince est en vert, De Guise est en noir dans un habit luxueux, Chabannes est en noir aussi en référence aux huguenots (aux protestants).

- La violence du père de Marie enlève l'habit de l'épaule de sa fille.

- Marie est habillée à la nuit de noces mais plus tard dans le film, elle est nue avec son mari juste avant la scène de la rivière, ce qui montre l'évolution de leur relation.

- La beauté de Marie est mise en valeur par sa robe colorée, au milieu de la barque.

- Pour son mariage avec la soeur du duc de Guise, le père du prince de Montpensier fait venir son tailleur. Cette scène montre à la fois que l'habit est en rapport avec la condition sociale et avec la cérémonie où on le porte. (pour la condition sociale, voir aussi l'armure en métal pour le prince, en cuir pour le comte).

- Le prince de Montpensier, dans une scène pathétique, respire la chemise de son épouse.

- A la fin, Marie enlève ses gants pour toucher la tombe du comte de Chabannes tandis que de son vivant, elle a refusé tout contact charnel avec lui.

- Tavernier renforce l'aspect réaliste et historique grâce aux costumes élaborés par Caroline de Vivaise : sans la fraise autour du cou car il montre la vie quotidienne (on ne portait la fraise que pour se faire peindre ou lors de certaines cérémonies).

- Le masque a une valeur symbolique de dissimulation à 26mn58 : Marie le porte juste après avoir sous-entendu que Chabannes était un traître, qu'il avait deux visages.

Introduction :

Plusieurs écrivains du XVIIème siècle ont dénoncé l'Hypocrisie qui régnait à la Cour de Louis XIV. C'est le cas de Molière dans *Le misanthrope*, *Dom Juan* et *Tartuffe*, de La Fontaine dans plusieurs de ses *Fables* (par exemple «Les obsèques de la Lionne») ou encore de La Bruyère dans *Les Caractères*. Tous montrent que pour réussir, il faut savoir dissimuler ses véritables pensées. On ne sera donc pas étonné de retrouver le thème de la dissimulation dans *La princesse de Montpensier*, nouvelle historique de Madame de Lafayette qui situe son action à la cour du roi Charles IX. Pour le publier, l'auteure s'est elle-même dissimulée puisqu'elle a eu recours à l'anonymat afin d'éviter un jugement défavorable (ses contemporains considèrent qu'il n'est pas convenable pour une femme de vivre de sa plume, surtout si elle écrit des nouvelles et non des tragédies...) Nous pouvons nous demander dans quelle mesure la dissimulation s'avère liée au thème principal du livre : la passion amoureuse. Voyons d'abord pour quelles raisons les personnages doivent faire semblant, avant de constater à quel point dissimuler s'avère difficile pour eux.

Remarque : rappelez-vous que dans votre devoir, le plan ne doit pas être apparent, mais on doit pouvoir le comprendre d'après la répartition de vos idées en paragraphes. Vous pouvez vous entraîner à rédiger le devoir qui correspondrait au plan ci-dessous :

I. Les raisons de dissimuler :

1) Par caractère : la dissimulation, chez d'Anjou, est « naturelle ». Mais dans le film, D'Anjou ne se cache pas : « Je ferais bien l'échange. », caractère arrogant. Et c'est plus parce qu'il lui a menti que le duc d'Anjou déteste De Guise que parce qu'il aime l'héroïne (voir menaces en revenant de la rivière et lors du bal).

2) Combat entre vertu et passion. Chabannes : dissimule pour ne pas se laisser emporter par la passion, sentiment de honte de ne pas contrôler son coeur même s'il contrôle ses actions. Cherche à garder la maîtrise de soi, cache sa passion pendant un an. P. 44 Même chose pour la princesse au début : dans le film, tente de ne pas montrer son intérêt pour De Guise à la rivière.

3) Se protéger des rivaux et de sa famille (Princesse et De Guise : p. 40a « ils cachèrent leur intelligence »). De Guise cache ses sentiments au duc d'Anjou car il sait que ce sera un rival. P. 53a et D'Anjou fait attention à ne pas manifester son désir face au mari : « ...de peur de donner de la jalousie au prince, son mari » p. 55b.

4) Prouver son amour. Dissimuler son amour aux autres, c'est, de la part de l'homme, une preuve d'amour : il ne déshonore pas celle qu'il aime. P. 56 : « mes actions l'auraient apprises à d'autres... ». D'autant que la Cour est à l'affût : « toujours des regards à nous surveiller, des oreilles à l'écoute » (1h24), « le bruit et l'éclat » p.56a.

II. La façon de dissimuler

1) La discrétion : De Guise avoue son amour à un moment où il y a peu de monde. Puis la revoit « lorsqu'il ne pouvait être vu de personne ». Il ne sort pas de la demeure royale en même temps qu'elle mais peu après. De même, le duc ne déclare sa haine à De Guise que discrètement, en le prenant à part. Rendez-vous nocturne pour l'adultère. Même Chabannes ne parle de son amour que lorsque le prince est absent.

2) Les sous-entendus : De Guise (nouvelle : « devant tout le monde sans être entendu que d'elle » ; et film : « ne renonce jamais à mes sentiments »). Dans la nouvelle pour D'Anjou : « galanteries » mais toujours de façon à ce que le mari ne puisse pas intervenir : « se ménageant toutefois à ne lui en pas donner des témoignages trop éclatants, p.55b

3) Faire semblant. De Guise, dans le film, lors de leur conversation à cheval, ment à D'anjou qui affirme s'en apercevoir. De Guise affirme ne plus rien ressentir pour Marie. La princesse, lors du bal, demande à De Guise de faire semblant : « N'ayez des yeux ce soir que pour Madame » (moins fort dans le film où elle réclame seulement la discrétion) mais elle s'adresse en fait à D'anjou. P.61a.

L'ouverture de la conclusion peut porter sur *La princesse de Clèves*, autre oeuvre de Mme de Lafayette où l'héroïne, après avoir dissimulé ses sentiments pour un autre homme que son mari, ne voit d'autre moyen pour lutter contre que... de tout avouer à son mari !

Introduction : Les deux auteurs sont documentés : par Didier Le
Fur pour le réalisateur, par Davila pour la novelliste.

I. Le contexte historique

1) Respect de la chronologie chez la novelliste : nomme les
batailles mais ne les montre pas. Chez le réalisateur, c'est l'inverse : montre les batailles mais ne les nomme pas. Globalement
fidélité historique : pas d'uniforme (confusion), armes utilisées,
beaucoup d'hommes (Tavernier n'a qu'une quarantaine de figu-
rants pour raisons budgétaires mais a l'art de leur faire occuper un
espace accidenté pour donner une idée de nombre). Quelques détails infidèles : le prince descend de cheval, la coiffure de De Guise
rappelle plutôt un samurai.

2) Les moeurs : mariage arrangé, puissance des pères. Néanmoins,
chez Tavernier, l'âge des acteurs est plus proche de l'âge des personnages à la fin de la nouvelle (par exemple Mélanie Thierry a
28 ans. Même si elle paraît plus jeune, elle ne fait pas 16 ans, âge
qu'elle est censée avoir au mariage).

3) Une réalité du quotidien davantage montrée dans le film (le
réalisme comme courant littéraire qui fournit des détails et s'in-
téresse au peuple n'arrive qu'au XIXème siècle) : présence de ser-
viteurs en train de travailler, on montre Chabannes s'occuper des
chevaux et découper un sanglier, Louis III de Bourbon chez son
tailleur. Les habits : tout de même détail des pierreries sur l'habit
de De Guise dans la nouvelle, trouvé dans *Histoire des guerres civiles de France*. Absence de fraise chez Tavernier car réalité de tous

les jours, pas réalité idéalisée des tableaux.

II. Le style

1) Certes, style précieux chez Mme de Lafayette (hyperboles et litotes) mais concis, ton de la chronique (raconte de façon globalement neutre). Chez Tavernier, volonté de ne pas utiliser d'effets spéciaux. Tourne avec des acteurs qui savent monter à cheval. Tourne d'abord les scènes d'action pour les habituer à leurs costumes. Désir d'authenticité, une seule prise, lance une poule dans les jambes de Raphaël Personnaz pour qu'il agisse comme dans la vie quotidienne, sans avoir peur de salir son costume.

2) Cependant, bienséance chez la novelliste, ton plus cru chez le réalisateur qui n'hésite pas à montrer la nudité (du prince et de la princesse) et la nuit de noces, la violence (père qui frappe sa fille), en restant fidèle à la réalité historique. Le film montre du sang sur De Guise et de la sueur sur la princesse (après avoir chevauché vers la fin du film).

III. Des libertés prises pour le sens de l'oeuvre

1) Mme de Lafayette : désir de montrer le pouvoir destructeur de la passion. Ce qui l'amène à prendre des libertés avec la réalité historique : fait comme si le mariage de Madame avec De Guise échouait pour une histoire d'amour + duc d'Anjou fera tuer De Guise par rivalité amoureuse et non pour raison politique. Plusieurs scènes paraissent invraisemblables (rencontre à la rivière, le fait que Chabannes apporte les lettres de son rival, le duc de Guise) mais le narrateur les fait passer pour vraies en signalant qu'il a conscience qu'elles semblent extraordinaires : p.49a « elle leur parut une chose de roman », p.68 « Comme sa passion était la plus extraordinaire du monde, elle produisit l'effet du monde le plus extraordinaire » (chiasme).

2) Tavernier : veut un film féministe, avec une héroïne qui s'éman-cipe. Ce qui l'amène lui aussi à prendre des libertés avec la réa-lité historique. L'héroïne dit qu'elle va quitter son mari. Or, au XVIème, seule la séparation des corps et des biens existe (avec interdiction de se marier à quelqu'un d'autre) et seulement si les deux conjoints le veulent (seules causes d'annulation de mariage : impuissance du mari, infertilité de la femme).

L'ouverture de la conclusion peut porter sur le réalisme : il est ici un registre mais n'est pas revendiqué comme un courant ar-tistique tel que ce fut le cas au XIXème siècle avec des auteurs comme Balzac et Flaubert.

Certains vers de la pièce permettent de répondre à de nombreux sujets, il est utile de les mémoriser. La liste ci-dessous n'est pas exhaustive, apprenez autant de passages que possible !

« Je vous suivrai. »

=> C'est Dona Sol qui prononce ces paroles au vers 125, qu'elle répète au vers 147. Cela montre l'amour passionnel qu'elle éprouve pour Hernani. En effet, ce dernier a beau être un bandit et n'avoir qu'une vie inconfortable et dangereuse à lui proposer, elle est prête à abandonner pour lui la vie luxueuse que lui offre son oncle (voir le coffret nuptial rempli de bijoux). Ce vers fut parodié.

« Oui, de ta suite, ô roi ! de ta suite ! - j'en suis. »

=> Le jeu de mots du vers 381 a fait rire le public et a fait le bonheur des parodistes. Hugo en a tenu compte puisqu'il l'a par la suite modifié (en « Oui, de ta suite, ô roi. Tu l'as dit, oui ! j'en suis. »). Retenir ce vers peut être utile pour parler des réactions du public lors de la bataille d'*Hernani* mais aussi pour montrer que l'oeuvre a subi des modifications (voir le cours qui y est consacré avec, notamment, un autre vers célèbre : « Vous êtes mon lion, superbe et généreux. »).

« Si le coeur seul faisait le brigand et le roi -

À lui serait le sceptre et le poignard à toi. » (vers 495-6)

=> Ce passage permet aussi de parler des modifications apportées à la pièce (cette fois, avant les répétitions) ; Hugo avait d'abord écrit deux vers qui attaquaient plus directement le roi : « Si Dieu faisait le rang à la hauteur du coeur, / Certe, il serait le roi, prince, et vous le voleur ! » Ce passage est très important car il montre que, pour Dona Sol, la véritable noblesse n'est pas affaire de naissance mais de coeur. Il est aussi une preuve de son amour pour Hernani car elle refuse ainsi le royaume que lui propose Don Carlos en échange de ses faveurs. Et enfin, il y est fait mention du poignard, accessoire très important dans la pièce (voir le sujet de type bac qui y est consacré).

« Je suis banni, je suis proscrit, je suis funeste ! » (v. 677)

=> Hernani, dans une anaphore de « je », insiste d'abord sur sa marginalité (c'est une des valeurs fondamentales du romantisme) mais aussi sur la fatalité qui pèse sur lui. En effet, « funeste » signifie qu'il apporte la mort avec lui. On retrouvera la même idée idée au vers 970 : « Oh ! Je porte malheur à tout ce qui m'entoure. » Hernani est lucide puisqu'effectivement, au dernier acte, on assistera non seulement à sa mort mais aussi à celle de Dona Sol et de Don Ruy Gomez.

« Je suis une force qui va !

Agent aveugle et sourd de mystères funèbres ! » (v. 488-9)

=> Ces vers très célèbres reprennent l'idée de mort et de fatalité. Les exclamatives ajoutent au tragique un registre lyrique. Hernani dit qu'il « va » mais ne dit pas où. Ses deux objectifs sont de venger son père et d'épouser Dona Sol, mais il lui faudra choisir. A l'acte IV, il renonce à la vengeance pour épouser celle qu'il aime. Cependant, à l'acte V, confronté à un nouveau choix (respecter son

serment envers Don Ruy Gomez ou respecter le serment du mariage), il hésite. C'est cette incertitude du héros qui poussera Dona
Sol à prendre le poison, rendant ainsi prémonitoires ces deux
vers.

« Je t'appartiens. Tu peux me tuer. Mais veux-tu

M'employer à venger ta nièce et sa vertu ? » (v. 1279-80)

=> Alors que Don Ruy Gomez vient de proposer courageusement
un duel à Hernani, ce dernier refuse. Sa réponse correspond à la
fois au sens de l'honneur (« Je t'appartiens ») et au désir de mort
(« Tu peux me tuer ») traditionnels chez les romantiques. Mais
il est aussi l'occasion d'un retournement de situation puisque les
deux rivaux vont devenir alliés. Le mot « vertu » rappelle la pureté de Dona Sol. Pour ce qui est de la forme, notez le contre rejet
de « Mais veux-tu ». Mémoriser ce passage peut donc s'avérer utile
pour des sujets variés.

« - Ah ! le peuple ! - océan ! - onde sans cesse émue !

Où l'on ne jette rien sans que rien ne remue !

Vague qui broie un trône et qui berce un tombeau ! » (v.1533-4)

=> L'acte IV montre la métamorphose de Don Carlos : roi indigne
dans les précédents actes, il va devenir un empereur à la hauteur
de son rang. Cela est rendu possible par une prise de conscience
dans le tombeau de Charlemagne. Ces vers de Don Carlos insistent
sur la puissance du peuple à travers la métaphore filée de l'élément marin : le peuple est capable de renverser les souverains qui
l'oppressent (« broie un trône »), mais aussi d'honorer ceux qu'il
trouve dignes (« berce un tombeau »).

« Verse-moi dans le coeur, du fond de ce tombeau,

Quelque chose de grand, de sublime et de beau ! » (v. 1559-60)

=> Ces vers font partie du même long monologue que les précédents. Don Carlos s'adresse au défunt Charlemagne pour prendre exemple sur lui (l'impératif exprime ici une demande). Le « tombeau » est un lieu crucial. En effet, il n'y aura certes aucune mort réelle dans l'acte IV, mais on assiste à deux morts symboliques : à celle du roi Don Carlos (qui devient l'empereur Charles Quint) et à celle du bandit Hernani (qui devient le chevalier Jean d'Aragon).

« Je suis Jean d'Aragon, roi, bourreaux et valets !

Et si vos échafauds sont petits, changez-les ! » (v. 1735-6)

=> Certes, Hernani est venu à Aix-la-Chapelle pour sauver Dona Sol, mais dans ce passage, ce n'est pas ce qui est souligné. Rappelons que le père du héros est mort sur l'échafaud. Le fils, en révélant sa véritable identité et en utilisant le mot « échafaud » (terme très présent dans la pièce, dès l'acte I), montre la fierté qui est liée à son rang. S'il montre qu'il n'a pas peur de mourir, il ne le fait pas au nom du peuple (les montagnards) mais au nom de la noblesse.

« Quand tu voudras, vieillard, quel que soit le lieu, l'heure,

S'il te passe à l'esprit qu'il est temps que je meure,

Viens, sonne de ce cor » (v. 2007-9)

=> L'acte V relève de la tragédie. Non seulement trois protagonistes vont mourir, mais le spectateur a le sentiment que le Destin s'acharne sur le héros. En effet, ces vers prononcés par Don Ruy Gomez à l'acte V sont ceux qu'Hernani avait prononcés à l'acte III. Le vieillard vient rappeler à Hernani le pacte qu'ils ont conclu.

Essayez de répondre aux questions suivantes pour vous assurer que vous connaissez bien la pièce :

1/ Quel personnage ne prononce aucun monologue ?

a) Hernani b) Dona Sol   c) Don Carlos

2/ Dans l'acte III, scène 6, par quel tableau Don Ruy Gomez termine-t-il la présentation de sa galerie de portraits ?

3/ A l'acte II, scène 4, Hernani dit à Dona Sol : « Mais t'offrir la moitié de l'échafaud, pardonne / Dona Sol, l'échafaud, c'est à moi seul ». A quel accessoire de l'acte V cela fait-il penser ?

4/ A qui s'adressent ces paroles : « J'ai laissé tomber ce titre. Ramassez. » ?

5/ En raison de quelle règle Don Ruy Gomez protège-t-il Hernani du roi ?

6/ A qui s'adressent ces paroles : « Montre-moi que le monde est petit » ?

7/ Que signifient ce vers de Dona Sol adressé à Don Ruy Gomez : « Loin de me précéder, vous pourriez bien me suivre » ?

8/ Associez la didascalie au personnage qui lui convient :

« s'inclinant profondément » / « se jetant à son cou » / « montrant la ca-

chette encore ouverte » / *« ouvrant avec fracas la porte de l'armoire »* / *« Il s'assied sur un banc de pierre »*

Hernani, Dona Sol, Don Carlos, Don Ruy Gomez, Don Ricardo

9/ Avant qu'elle n'épouse Jean d'Aragon, quel est le nom de Dona Sol ?

10/ Comment Don Ruy Gomez tente-t-il de pousser Hernani à respecter son serment fatal lorsque ce dernier hésite ?

Réponses :

1) Dona Sol ne prononce aucun monologue. Dans l'acte I, scène 2, elle n'a que des répliques courtes tandis qu'Hernani parle par tirades. Dans l'acte II, scène 2, ses réparties s'étoffent un peu pour s'opposer à Don Carlos. Mais c'est surtout à l'acte V que Victor Hugo lui donne davantage la parole.

2) Le vieillard termine sa présentation des portraits par le sien, c'est à dire celui qui sert de cachette à Hernani.

3) Cela fait penser à la fiole de poison. Dans ces vers, Hernani souhaite être le seul à mourir et ne pas entraîner sa bien aimée avec lui. Mais il se trompe et à l'acte V, elle mourra avec lui, prenant justement « la moitié », non de l'échafaud, mais du poison.

4) Ces paroles s'adressent à Don Ricardo qui fait tout pour monter en grade.

5) Le duc protège Hernani par respect pour la règle d'hospitalité.

6) Ces paroles du roi qui se prépare à devenir empereur s'adressent à Charlemagne.

7) Dona Sol a l'intention de se tuer (avec le poignard qu'elle cache

dans l'écrin nuptial) pour éviter le mariage avec son oncle. Elle le précèderait ainsi dans la mort.

8) « *s'inclinant profondément* » : Don Ricardo / « *se jetant à son cou* » : Dona Sol / « *montrant la cachette encore ouverte* » : Don Ruy Gomez / « *ouvrant avec fracas la porte de l'armoire* » : Don Carlos / « *Il s'assied sur un banc de pierre* » : Hernani

9)   C'est Da Silva, comme son oncle.

10) « Tu fais de beaux serments par le sang dont tu sors,

Et je vais à ton père en parler chez les morts ! » dit Don Ruy Gomez à Hernani. Il tente ainsi de lui faire honte, de réveiller son sens de l'honneur. On imagine combien Hernani doit se sentir coupable, lui qui a renoncé à venger son père à la fin de l'acte IV.

Remarque : l'oeuvre étudiée étant un drame romantique, cette biographie prend fin, non avec la mort de l'auteur, mais avec son dernier drame romantique.

1802 : naissance (évoquée dans un poème du recueil *Les feuilles d'automne* en 1831 : « Ce siècle avait deux ans »), père bonapartiste et mère royaliste.

1809 : son père qui deviendra général de Napoléon en 1809 entraîne toute la famille sur les routes de France et d'Europe.

1811 : Sophie Hugo passe par le village d'Ernani (dans les Pyrénées) où Hugo voit des partisans espagnols pendus le long de la route et vient rejoindre son mari à Madrid avec ses trois enfants. Elle y reste un an. Séjour traumatisant : maltraité par ses camarades espagnols au collège des nobles.

1812 : En mars 1812 ses parents se séparent et Sophie Hugo retourne vivre dans le quartier du Val de Grâce à Paris. De retour à Paris, Victor Hugo grandit auprès d'une mère tendre. Royaliste et libérale, elle lui fait lire les auteurs des lumières. Elle a pour amant le général La Horie, qui conspire contre Napoléon. Hugo écrit deux mélodrames.

1816 : il s'adonne aux lettres et dès 1816, alors qu'il n'a que quatorze ans, il note : « Je veux être Chateaubriand ou rien ». Il écrit une tragédie : *Irtamène*. Et un vaudeville : *A.Q.C.H.E.B*

1817 : l'Académie, à l'occasion d'un concours qu'elle organise, lui décerne une mention pour son poème *Trois lustres à peine*. (Sainte Beuve fait croire qu'il a failli remporter le prix mais ne l'a pas eu en raison de son âge).

1819 : Il remporte encore une mention et deux prix pour des poèmes. Il se fait aussi connaître du public par un poème ultra-royaliste : *le Télégraphe.*

À la fin de 1819, il fonde, avec ses deux frères, *Le Conservateur littéraire*, revue monarchiste, sorte de supplément littéraire au journal catholique et royaliste *Le Conservateur*, dirigé par Chateaubriand. Sous divers pseudonymes, il rédige presque tous les articles.

9 mars 1820 : Victor Hugo reçoit de l'argent du roi Louis XVIII pour son *Ode* sur la Mort du Duc de Berry.

1822 : *Odes et poésies diverses.* Elles plaisent au roi qui lui accorde une pension. Ce qui permettra à Hugo de sortir de sa précarité et de demander la main d'Adèle Foucher.

1823 : fonde, avec d'autres jeunes gens, le journal *La Muse française*, consacrée au romantisme (Vigny, Nodier)

1824 : en mars, Victor Hugo publie ses *Nouvelles odes*. Naissance de Léopoldine. Fin du journal *La muse française.*

1825 : Victor Hugo est fait chevalier de la Légion d'Honneur (Lamartine aussi) et assiste au sacre de Charles X auquel il consacre une ode. Il fréquente un groupe de jeunes écrivains dans le Cénacle de Charles Nodier (à la bibliothèque de l'Arsenal où Nodier était bibliothécaire, puis dans l'appartement de V. Hugo). Il se lie d'amitié avec Sainte Beuve qui lui consacre des articles dans son journal. (remarque : brouille avec Nodier en 1829 suite à son article critique sur *Le dernier jour d'un condamné*).

1826 : publication des *Odes et Ballades.*

1827 :   écrit une ode à Napoléon (parce qu'il a eu l'adhésion du peuple) : *ode à la colonne de la place Vendôme.* Publication de *Cromwell* en décembre. Dans la préface, qui est un véritable manifeste, il s'engage en faveur du romantisme contre le néoclassicisme. Mais la pièce ne peut pas être représentée.

1828 : fait jouer Amy Robsart, sous le couvert e son beau-frère, mais c'est un lourd échec. Courageusement, il déclare qu'il est l'auteur de la pièce.

1829 :   en janvier et février, publication des *Orientales* (avec certains alexandrins à coupe ternaire) et du *Dernier jour d'un condamné* (contre la peine de mort, en détournant le genre à la mode des Confessions de condamnés à mort recueillies par des journalistes). En août, sa pièce *Marion de Lorme* (qui parle aussi de la peine de mort, avec un Richelieu qui déclare : « Pas de grâce ») est censurée à cause du rôle dévalorisant que l'auteur y faisait jouer à Louis XIII. Charles X propose à Hugo une place au conseil d'état et une pension de quatre mille francs en dédommagement de son manque à gagner. Hugo, indigné, refuse cette somme considérable (« J'avais demandé que ma pièce fut jouée, je ne demande rien d'autre. »), ce qui fait aussitôt grand bruit dans les journaux, notamment grâce à Sainte-Beuve. Hugo devient libéral.

1830 : succès de la première représentation d' *Hernani*, le 25 février. Mais lors des représentations suivantes, lutte entre les néoclassiques (qui viennent rire et huer) et les jeunes « crinières » du romantisme (qui viennent applaudir). C'est la « bataille d'*Hernani* » (durant 45 représentations). Victor Hugo a refusé de faire appel à la claque (groupe de personnes payé pour applaudir), il ne compte que sur le soutien de ses amis. Ces derniers se répartissent dans la salle. Théophile Gautier, très actif, se distingue par un gilet rouge.

1831 : le 15 mars, publication de son premier roman historique, *Notre-Dame de Paris.* La Révolution de 1830 permet à sa pièce, *Marion de Lorme*, d'être jouée à la Porte Saint-Martin. Elle remporte un assez grand succès. Le 24 novembre, Victor Hugo publie les *Feuilles d'Automne*.

1832 : échec de la pièce *Le roi s'amuse.*

1833 : succès de *Lucrèce Borgia*, drame en prose. Les années suivantes, pièces avec peu de succès. Célébrité davantage due à son oeuvre poétique.

1838 : succès de *Ruy Blas.*

1841 : après plusieurs tentatives vaines, finit par devenir académicien.

1843 : dernier drame de Hugo : *Les Burgraves*. Puis mort de sa fille Léopoldine. Carrière politique liée à Louis Philippe.

Voici comment Victor Hugo évoque sa naissance dans *Feuilles d'automne* :

Ce siècle avait deux ans ! Rome remplaçait Sparte,
Déjà Napoléon perçait sous Bonaparte,
Et du premier consul, déjà, par maint endroit,
Le front de l'empereur brisait le masque étroit.
Alors dans Besançon, vieille ville espagnole,
Jeté comme la graine au gré de l'air qui vole,
Naquit d'un sang breton et lorrain à la fois
Un enfant sans couleur, sans regard et sans voix ;
Si débile qu'il fut, ainsi qu'une chimère,
Abandonné de tous, excepté de sa mère,
Et que son cou ployé comme un frêle roseau

Fit faire en même temps sa bière et son berceau.
Cet enfant que la vie effaçait de son livre,
Et qui n'avait pas même un lendemain à vivre,
C'est moi.

Le romantisme est un courant culturel qui s'épanouit en Angleterre (voir Lord Byron) et en Allemagne (voir Goethe) avant de se répandre en France.

En France, on peut parler de préromantisme à propos de Jean-Jacques Rousseau (*Julie ou la nouvelle Héloïse, Les rêveries du promeneur solitaire*).

Le premier grand romantique français, c'est René de Chateaubriand.

Hernani étant un drame romantique, il faut connaître les principaux traits de ce mouvement littéraire. Quelques valeurs centrales le caractérisent : la sensibilité de l'individu, le désir de liberté, le sens de l'honneur et le charisme. Y sont associés des thèmes récurrents : l'amour passionnel, la solitude, la marginalité, la Nature et le désir de mort (pour en finir avec les souffrances de la vie). On parle de « mal du siècle » pour désigner la mélancolie dont sont atteints les romantiques à cause d'une époque qui ne les satisfait pas : admiratifs des grands hommes historiques, les jeunes romantiques débordent d'énergie mais ils ont le sentiment que tout s'est joué avant eux (la révolution française pour les valeurs, les guerres napoléoniennes pour l'héroïsme guerrier).

Il est donc logique que le registre habituel des romantiques soit le lyrisme. Lorsqu'ils évoquent la Nature, ce peut être pour admirer sa beauté, pour souligner sa grandeur et sa dangerosité ainsi que son indifférence à l'homme. La Nature peut aussi être un miroir de l'âme. Ainsi, dans « Le lac », le poète tutoie le lac et sa manière de l'évoquer exprime son chagrin d'avoir perdu sa bien aimée.

Vous trouverez ci-dessous une liste d'auteurs romantiques importants avec quelques oeuvres qu'ils ont écrites avant 1830. Ainsi, vous pourrez constater quelles oeuvres Victor Hugo connaissait au moment où il écrivit *Hernani*.

François René de Chateaubriand (1768 - 1848) : *Atala, René, Les Natchez*

Alphonse de Lamartine (1790 - 1869) : *Méditations poétiques* (voir le poème « Le lac » en particulier)

Alfred de Vigny (1797 - 1863) : *Poèmes antiques et modernes* (voir le poème « Le cor » en particulier car V. Hugo y fait allusion au vers 1977 ; voir aussi « La neige », poème qui montre un Charlemagne clément : c'est peut-être de là qu'Hugo puise l'idée d'un Charlemagne qui pousse Charles Quint à grâcier Hernani).

Alexandre Dumas (1802 - 1870) : *Henri III et sa cour* (drame romantique qui n'a pas subi les mêmes attaques qu'Hernani car Dumas n'était pas le chef de file du Cénacle et ne faisait pas peur aux néoclassiques).

Prosper Mérimée (1803 - 1870) : *Mateo Falcone*

Gérard de Nerval (1808 - 1855) : *Napoléon et la France guerrière*

Théophile Gautier (1811 – 1872)

<u>La tragédie</u> : Hugo admire en particulier Pierre Corneille. Il reprend à la tragédie :

- sa structure en cinq actes

- l'emploi de l'alexandrin

- les tirades et monologues

- son sens du sublime, du grandiose, sa tonalité parfois épique

Hernani ressemble au Cid par sa jeunesse et son sens de l'honneur ; comme lui, il doit venger son père. Comme Auguste dans *Cinna*, Charles Quint se montre clément.

<u>La comédie</u> : Hugo admire en particulier Molière. Il reprend à la comédie :

- le stéréotype du barbon (vieillard amoureux)

- le comique de vaudeville (à l'acte I, l'amoureux caché dans une armoire)

- le pathétique mêlé au comique comme dans les grandes comédies de Molière : *Le misanthrope*, *L'école des femmes*

<u>Le drame bourgeois</u> : L'oeuvre emblématique est *Le fils naturel* par Diderot (1757). Hugo reprend à Diderot :

- la notion de quatrième mur (l'acteur doit jouer sans s'adresser au public)

- l'importance accordée aux décors et aux accessoires

- le développement des didascalies

Le <u>mélodrame</u> : par exemple, *Coelina ou l'enfant du mystère* de Pixérécourt (1800). Hugo reprend à ce genre populaire (qui s'adresse au peuple) :

- son goût pour les péripéties (déguisements, coups de théâtre)

- l'importance du décor (cachettes, mécanismes)

- les scènes nocturnes et la volonté de montrer des armes sur scènes (pistolets, poignards)

- l'utilisation de musique pour signaler l'arrivée d'un personnage (dans *Hernani*, voir les cloches : II,4, les trompettes : III,5, les fanfares : V, et bien sûr le cor : V,3)

La <u>féérie</u> : par exemple *L'enfant du malheur* de Cuvelier (1817). Hugo reprend à la féérie :

- la présence de pantomimes (passages où l'acteur agit sans parler).

- le non respect de la règle des trois unités (un seul lieu, une seule journée, une seule action/intrigue importante)

Remarque : Hugo s'inspire aussi de plusieurs auteurs étrangers.

- Shakespeare (souvent cité dans la préface de *Cromwell*), qui n'applique pas la règle des trois unités, ni la règle de bienséance, et qui mêle comique, tragique et pathétique. La fin rappelle *Romeo et*

Juliette.

- La comedia nueva espagnole (Lope de Vega, Juan Ruiz de Alarcón), tragi-comédie de cape et d'épée qui joue sur les quiproquos.

- Friedrich von Schiller, auteur de la pièce *Les bandits* (1782) dont le héros est un jeune homme qui devient bandit parce que rejeté par son père (à cause d'un complot ourdi par son frère jaloux).

I.   Le Contexte

L'alexandrin qui doit son nom à un poème médiéval, *Le Roman d'Alexandre*, ne commença réellement à se développer dans la poésie française qu'avec le mouvement de La Pléiade, au XVIème siècle. Et ce n'est qu'au XVIIème siècle qu'il est considéré comme le vers le plus noble.

En 1830, la mode est plutôt à la prose (voir *Racine et Shakespeare* de Stendhal). Les tragédies en vers au théâtre ont alors peu de succès. Les drames bourgeois et les mélodrames qui, eux, ont le vent en poupe, sont en prose. Mais Hugo tient au vers, comme le montre cet extrait de la préface de *Cromwell* :

« Le vers est la forme optique de la pensée. Voilà pourquoi il convient surtout à la perspective scénique. Fait d'une certaine façon, il communique son relief à des choses qui, sans lui, passeraient insignifiantes et vulgaires. Il rend plus solide et plus fin le tissu du style. C'est le noeud qui arrête le fil. C'est la ceinture qui soutient le vêtement et lui donne tous ses plis. Que pourraient donc perdre à entrer dans le vers la nature et le vrai ? Nous le demandons à nos prosaïstes eux-mêmes, que perdent-ils à la poésie de Molière ? Le vin, qu'on nous permette une trivialité de plus, cesse-t-il d'être du vin pour être en bouteille ? »

II. Ce qu'Hugo fait à l'alexandrin

1) Il brise la règle selon laquelle la césure coupe le vers en hémistiches et ne tombe ni sur un article ni sur un e muet en utilisant le vers brisé (le vers est réparti sur les répliques de plusieurs personnages).

Voir vers 18 par exemple.

DONA JOSEFA Oui.

DON CARLOS Cache-moi céans !

DONA JOSEFA Vous !

DON CARLOS Moi.

DONA JOSEFA Pourquoi ?

DON CARLOS Pour rien.

La coupe ne se fait pas toujours à l'hémistiche :

HERNANI Epouse le duc !

DONA SOL Donc + ce n'était pas assez ! (1011)

(voir aussi vers 42, 1620, 1702, 1869, 1882, 1895, 2149)

Il est même brisé par une pantomime au vers 1675 (voir les didascalies).

2) Hugo utilise des rejets, des contre rejets et des enjambements.

Exemples de rejets :

« Serait-ce déjà lui ? C'est bien à l'escalier /

Dérobé. Vite, ouvrons. Bonjour, beau cavalier » (1-2).

« Qu'attendait ta maîtresse ? // Ô ciel ! j'entends le pas /

De dona Sol. – Seigneur, fermez vite la porte. » (26-27)

« Sois le bienvenu ! – Reste, ami, ne te fais faute /

De rien. Quant à ton nom, tu te nommes mon hôte. » (849-850)

Exemples de contre rejets :

« Soixante dont un seul vous vaut tous quatre. Ainsi /

Vidons entre nous deux notre querelle ici. (555-556) »

« Vous serez satisfait. // Ah ! tu t'amendes ! – Va /

Chercher mon prisonnier. // Celui-ci, des Silva » (1131-1132)

Exemples d'enjambements :

« Suis-je chez dona Sol ? fiancée au vieux duc /

De Pastrana, son oncle, un bon seigneur, caduc, » (5-6)

« Quand nous avions le Cid et Bernard, ces géants /

De l'Espagne et du monde allaient par les Castilles » (222-223)

« Un homme comme sont tous les autres, un être /

Intelligent, qui court droit au but qu'il rêva » (v.990-991)

Remarque 1 : Victor Hugo n'hésite pas à séparer par ces procédés un verbe de son complément. Comme ici :

« L'un est la vérité, l'autre est la force. Ils ont / Leur raison en eux-même, et sont parce qu'ils sont. » (1475-1476) Il sépare parfois le sujet de son verbe. Exemple : « Et de vous voir toujours. Quand le bruit de vos pas /

S'efface, alors je crois que mon coeur ne bat pas, » (157-158)

Remarque 2 : Hugo demande aux acteurs de ne pas marquer de pause à la fin des vers où sont présents ces trois procédés.

3) Hugo pratique la discordance entre la syntaxe et la césure, il enfreint donc la règle selon laquelle aucun syntagme fort ne doit chevaucher la césure. Quelques exemples variés :

Nom et adjectif : « Le collier est d'un beau + travail, le bracelet » (896)

« Ils nommeront François + Premier, ou leur Saxon, » (1351)

Nom et CDN : « Après tout, et la mort + d'un homme est chose grave. » (478)

« Quelque vengeance, soeur + du festin des Sept Têtes. » (1074)

Verbe et complément : « Je lui rends Naple. – Ayons + l'aigle, et puis nous verrons » (317)

« Et s'il faut embrasser + tes pieds, je les embrasse ! » (1286)

Préposition et complément : « Un édifice, avec + deux hommes au sommet. » (1443)

« Le plus sûr, c'est qu'avant + d'être auguste, il expire ! » (1617)

4) Victor Hugo utilise un rythme particulier pour certains alexandrins. Au lieu d'utiliser une structure qui coupe le vers à la césure (avec par exemple 6 syllabes puis de nouveau 6 syllabes), il utilise parfois le trimètre (4 syllabes/4 syllabes/4syllabes).

« Mais que veux-tu, ma pauvre enfant ! quand on est vieux ! » (720)

« Je suis banni ! je suis proscrit ! je suis funeste ! » (681)

« Il vous dira qu'il est proscrit, il vous dira » (1075)

« Ils nommeront François Premier, ou leur Saxon, » (1351)

« C'est l'Allemagne, c'est la Flandre, c'est l'Espagne. » (1769)

III. Réactions

Parfois ces procédés sont groupés, si bien que certains specta-teurs ont cru que le drame était écrit à moitié en vers et à moitié en prose. Certes, une partie du public et les auteurs de parodie se sont moqués du découpage des vers (voir cours sur la parodie), mais pour la plupart, les vers qui sont sifflés ne le sont pas en rai-son de leur rythme : ils le sont en raison de leur prosaïsme (« Fais sécher le manteau ») et de leurs métaphores audacieuses. Berlioz, dans sa correspondance, estime que la dislocation de l'alexandrin que pratique Hugo est « une innovation qui ne mène à rien ».

SUJET : POUR QUELLES RAISONS LES NÉOCLASSIQUES SE SONT-ILS MOQUÉS D'HERNANI, DÉCLENCHANT AINSI UNE « BATAILLE » AVEC LES ROMANTIQUES ?

Dans l'histoire de la littérature, il est peu de querelles littéraires qui soient restées célèbres. On se souvient bien sûr de la querelle des Anciens et des Modernes au XVIIème siècle, qui opposait ceux qui considéraient que l'Antiquité était un modèle insurpassable à ceux qui pensaient l'inverse. On garde en mémoire également la querelle du *Cid* : certains reprochaient à Corneille de ne pas respecter la règle des trois unités, d'écrire une tragédie qui n'en était pas totalement une, et enfin, alors que la France était en guerre avec l'Espagne, de situer son intrigue justement dans ce pays. Au XIXème siècle, la querelle la plus célèbre sera celle qui se livrera lors des quarante-cinq représentations chahutées d'*Hernani*, drame romantique de Victor Hugo. Mais pour quelles raisons les néoclassiques ont-ils tant ri et hué les vers de cette pièce ? Nous verrons d'abord qu'ils ont reproché au dramaturge de s'affranchir des règles classiques, puis qu'ils ont été choqués par son vocabulaire, et enfin qu'ils n'ont pas apprécié son mélange des genres.

Le XVIIème siècle avait rétabli la règle antique des trois unités (de lieu, de temps et d'action), Hugo s'en affranchit. Pour ce qui est du lieu, on constate en effet que si le premier acte se déroule dans la chambre de Dona Sol à Saragosse, l'acte II nous montre l'extérieur de la propriété de Don Ruy Gomez où se trouve cette chambre. A l'acte III, on se retrouve dans un autre château du vieil oncle, dans les montagnes. L'acte IV, dont le titre est un nom de lieu (« Le tombeau ») nous transporte bien loin de l'Espagne : à Aix-la-Chapelle. Enfin, l'acte V nous ramène à Saragosse mais chez Jean d'Aragon. Pour ce qui est de l'unité de temps, elle n'est pas davantage respectée puisque dès la fin de l'acte I, on apprend que le rendez-vous d'Hernani et Dona Sol qui se déroule à l'acte II aura lieu le lendemain à minuit. Des ellipses de plusieurs semaines séparent les actes suivants jusqu'au mariage du héros. Quant à l'unité d'action, celle que Victor Hugo trouve la seule utile d'après sa préface de *Cromwell*, elle est tout de même un peu malmenée puisqu'une intrigue politico-familiale (venger le père mort sur l'échafaud) vient compliquer l'intrigue amoureuse résumée par Don Ricardo aux vers 1811 à 1814 : « Trois galants, un bandit que l'échafaud réclame,

Puis un duc, puis un roi, d'un même coeur de femme

Font le siège à la fois. - l'assaut donné, qui l'a ?

C'est le bandit. »

Hugo ne respecte pas non plus la règle de bienséance selon laquelle on doit éviter de choquer le spectateur. Ainsi, il n'hésite pas à montrer les armes comme on le fait dans les mélodrames. Une didascalie de l'acte I précise : « *Ils croisent leurs épées* », une autre, à l'acte II, indique : « *Elle lui arrache le poignard de sa ceinture. Il la lâche et recule.* » et à l'acte III, scène 6, le spectateur assiste à une pantomime de Don Ruy Gomez qui prépare un duel avec son hôte. Alors que le théâtre classique se contentait de raconter la violence, le drame romantique la montre sur scène. Les dialogues transgressent également la règle de bienséance par l'emploi de mots évoquant des réalités sanglantes : « bandit » (mot familier au XIXème siècle), « échafaud », « bourreau » reviennent souvent.

Le vocabulaire d'Hugo a en effet semblé trop audacieux au public néoclassique. Certains termes avaient pourtant été retirés sur le conseil des acteurs comme Mademoiselle Mars. Ainsi, Hugo avait remplacé le lion de « Vous êtes mon lion, superbe et généreux » par un « monseigneur » qui ne prêtait plus à rire ; mais d'autres métaphores animalières furent moquées et parodiées : on fit référence au cirque de M. Martin, alors célèbre. On se moqua du jeu de mots « De ta suite ! - j'en suis » qu'Hugo décida d'adoucir. Le dramaturge changea aussi « concubine » en « favorite », ce qui n'empêcha pas les huées. D'après Hugo, les vers qui certains soirs ne soulevaient aucune protestation pouvaient en provoquer le lendemain, si bien qu'au bout des quarante-cinq représentations, la quasi totalité de la pièce avait été sifflée à un moment ou à un autre.

Le reproche essentiel qui est adressé au dramaturge, c'est d'utiliser un vocabulaire prosaïque. On attend d'une tragédie classique que ses personnages ne parlent que de sentiments et de valeurs ; or le drame aborde parfois l'insignifiante matérialité de la vie quotidienne. Il en va ainsi de ces vers de Dona Sol : « Vous devez avoir froid », « Ôtez donc ce manteau ! » ou encore « Allons ! Donnez la cape et l'épée avec elle ! » qui furent l'objet de railleries parce qu'ils se concentrent sur la bassesse corporelle. Théophile Gautier raconte dans son *Histoire du romantisme* (en 1874, bien des années après la bataille), que le vers « Est-il minuit ? » a soulevé des tempêtes dans la salle parce qu'il ne paraissait pas poétique et qu'il aurait sans doute suffi d'une périphrase comme « L'heure / a-t-elle atteint bientôt sa douzième heure ? » pour satisfaire les néoclassiques. Si l'on ajoute à cela que les nombreux vers brisés, enjambements, rejets, contre rejets, discordances entre syntaxe et césure et trimètres qui ont donné le sentiment à une partie du public que la pièce n'était pas entièrement en alexandrins, on comprend que la pièce ait semblé prosaïque.

Cependant, ce ne sont pas les seuls reproches qui sont adressés à Hugo. Les néoclassiques n'admettent pas non plus qu'une pièce puisse ainsi mêler divers genres. Les armes dégainées sur scène, on l'a dit, relèvent du mélodrame tandis que l'importance accordée au décor rappelle le drame bourgeois. L'acte I, quant à lui, relève du vaudeville avec Don Carlos qui se cache dans l'armoire et Dona

Sol qui crie « Ciel ! On frappe à la porte ! » comme les bourgeoises des vaudevilles crient « Ciel ! Mon mari ! ». L'acte IV fait penser à une fin classique de comédie puisque le mariage impossible peut enfin avoir lieu comme chez Molière. Mais la pièce tient aussi beaucoup de la tragédie, avec ses monologues lyriques, son évocation du Destin (« mystères funèbres ») et son cinquième acte (la catastrophe) qui se conclue par la mort de trois protagonistes. Les personnages sont tour à tour comiques ou tragiques : on rit du barbon Don Ruy Gomez qui se compare à un hochet à l'acte I, mais on s'émeut lorsqu'il évoque sa vieillesse avec lucidité à l'acte III ; on rit avec Don Carlos lorsqu'il fait de l'humour en sortant de l'armoire (« Je ne chevauchais pas à travers la forêt. ») mais on admire sa tirade métaphysique dans le tombeau de Charlemagne ; on sourit d'Hernani qui veut entraîner sa compagne vers la chambre lors de la nuit de noces mais on frémit pour lui lorsque le Domino vient réclamer sa mort.

Les néoclassiques ont par ailleurs été scandalisés qu'il y ait une inversion des valeurs habituelles dans *Hernani* : en utilisant d'une part le burlesque et d'autre part l'héroïcomique, Hugo nous montre un roi qui n'est pas digne d'être roi et un bandit dont la noblesse de langage et d'attitude étonne. Dans la tragédie classique, les princes sont nobles à la fois de naissance (de condition sociale) et dans leurs valeurs. Ici, Don Carlos, durant trois actes, n'est qu'un jeune libertin prêt à tout pour obtenir celle qu'il désire. Il propose même à Hernani : « Partageons . Voulez-vous ? J'ai vu dans sa belle âme / Tant d'amour, tant de bonté, de tendres sentiments, / Que madame, à coup sûr, en a pour deux amants » ! A l'inverse, le bandit Hernani fait preuve de dignité, par exemple lorsqu'il épargne la vie de son ennemi à la fin de l'acte II.

En conclusion, le non respect de la règle des trois unités et de la règle de bienséance ont certes choqué les néoclassiques, mais ce sont davantage les audaces dans les métaphores et le vocabulaire qui ont généré la « bataille d'Hernani », en particulier lorsque les vers semblaient prosaïques. On a aussi beaucoup reproché à Hugo de mêler comédie et tragédie dans une pièce où le roi n'a pas le sérieux qu'on attend de lui avant l'acte IV. Avec ce drame, le dramaturge montre pleinement que, comme il l'annonçait déjà dans sa préface des *Orientales* puis dans celle de *Cromwell*, la valeur la plus précieuse pour l'artiste est la Liberté.

Ce tableau vous permettra de retrouver rapidement, dans la pièce, les passages que vous désirez citer.

A,s.	Décor, etc.	Résumé
I,1	Chambre à coucher, la nuit, palais de DRG à Saragosse	DC d'abord pris pour H par la duègne, se cache dans l'armoire.
I,2		DS est prête à suivre H («Je vous suivrai») dont le père du roi a fait décapiter le père. DC sort de l'armoire. Rivalité amoureuse, engagement d'un duel.
I,3	DRG est en noir (contraste avec le blanc de ses cheveux et de sa barbe).	Intervention de DRG en plein duel. Déshonoré, il exige un duel. DC montre qu'il est le roi et justifie sa présence. Il entend H fixer un rdv à DS.
I,4		Hernani, resté seul, jure de ne

		jamais renoncer à sa vengeance.
II,1	Le lendemain, minuit, cour de DRG, fenêtre à balcon.	DC et trois seigneurs ; projet d'enlèvement.
II,2		Quiproquo : DS, croit rejoindre H. Elle tient tête au roi, lui prend son poignard.
II,3		H. intervient et dit au roi pourquoi il le hait. Le roi refuse le duel. Hésitant, H. Le laisse finalement partir, par honneur.
II,4		DS veut fuir avec H, il refuse. Tocsin, fuite d'H.
III,1	Quelques semaines plus tard, galerie de portraits, château de DRG ds montagnes d'Aragon	DS doit épouser DRG dans une heure, il lui dit son amour. Elle répond par des paroles ambigües et funèbres. Un page annonce la mort d'H et la venue d'un pèlerin.
III,2		Le pèlerin est H déguisé à qui DRG offre l'hospitalité.

III,3	DS en robe de mariée	H croit que DS l'a trahi. Il révèle son identité mais DRG refuse de le livrer, à cause de l'hospitalité, sacrée.
III,4		H ironise sur la supposée trahison de DS mais elle sort un poignard de l'écrin à bijoux (suicide envisagé). H s'excuse. H et DS s'étreignent et sont surpris par DRG, indigné.
III,5		H offre sa vie pour se faire pardonner d'avoir trahi la confiance de son hôte. DS avoue son amour. On annonce le roi. DRG cache H derrière son propre portrait.
III,6		DC menace. Scène des portraits. DC emmène DS en otage.
III,7		DRG provoque H en duel ; H préfère se laisser tuer. Apprenant que DS a été enlevée, conclue le pacte du cor.
IV,1	Deux mois plus tard (juin 1519), tombeau	DC est là pour piéger des conspirateurs. Il appréhende l'élection

	de Charlemagne à Aix-la-Chapelle	de l'empereur.
IV,2		Conscient de la vanité du pouvoir, DC médite sur la grandeur de Charlemagne.
IV,3		DC se cache dans le tombeau. Un tirage au sort parmi les conjurés désigne H pour tuer le roi. DRG lui propose un échange (serment contre faveur), H refuse. Trois coups de canon annoncent l'élection de DC comme empereur.
IV,4		Des princes électeurs viennent rendre hommage à DC. DS est là. H. Revendique sa véritable identité noble. DC pardonne à tous et donnee DS à H qui renonce à se venger. DRG sombre.
IV,5		Monologue de DC sur sa clémence.
V,1	Quelques semaines après, Saragosse, palais d'H, terrasse	Fin de fête de noces. Un invité vêtu de noir en intrigue d'autres.

V,2		DS et H sont raccompagnés.
V,3		H veut regagner la chambre, DS préfère contempler la beauté de la nuit. On entend le cor de DRG.
V,4		H comprend que son heure est venue.
V,5		DRG rappelle son serment à H qui l'accepte mais demande un sursis d'une nuit, en vain.
V,6		DS s'oppose à DRG puis l'implore. Elle s'empare du poison, en boit la moitié. H boit le reste. Ils meurent. DRG se poignarde.

On peut s'étonner qu'*Hernani* ait suscité un tel chahut dans la salle puisque tous les éléments pointés comme novateurs dans cette pièce n'étaient en fait pas si nouveaux...

- Le non respect de la règle des trois unités : déjà en 1809, la pièce *Christophe Colomb* de Lemercier ne respecte ni celle de temps ni celle de lieu. La seconde représentation tourne à l'émeute et fait un mort. La police est présente lors des représentations suivantes.

- Le non respect de la règle de bienséance : les mélodrames le pratiquent déjà.

- Le mélange de comique et de tragique : Molière l'a déjà pratiqué dans *Dom Juan* : le héros est tragique et son valet comique. Dans *Le misanthrope* et dans *L'école des femmes*, Molière mêle le comique au pathétique.

- Le trimètre : on en trouve déjà chez Corneille. Par exemple (voir le second vers) :

« Je veux, sans que la mort ose me secourir

Toujours aimer, toujours souffrir, toujours mourir. » (*Suréna*, 1674)

- Les vers brisés : on en trouve chez Molière. Par exemple :

Henriette. Qu'a donc le mariage en soi qui vous oblige,

Ma sœur... ?

Armande. Ah ! mon Dieu ! fi !

Henriette.   Comment ?

Armande.   Ah ! fi ! vous dis-je. (*Les femmes savantes*, 1672)

- Quant au drame romantique, Hugo n'est pas le premier à en faire jouer un : Dumas fait jouer *Henri III et sa cour* le 11 février 1829.

Il y a donc d'autres causes qui ont suscité la bataille et l'ont rendue célèbre.

Le discours romantique après la pièce

En 1830, la pièce est jouée 39 fois. Mais les années suivantes, les Romantiques assurent sa postérité :

Théophile Gautier, dès 1838, lorsque la pièce est reprise, retrace la « bataille » sur un ton hyperbolique. Alors que la première représentation s'est relativement bien passée, Gautier lui applique des événements qui ne se sont produits qu'aux représentations du mois de mars. Il affirme par exemple que les premiers vers (avec le rejet de « Dérobé ») ont été chahutés alors que d'autres témoignages montrent que, le soir de la première, ces vers sont passés sans encombre. Dans *Histoire du Romantisme*, en 1874, Gautier donne de nouveau une dimension épique aux faits par le vocabulaire utilisé : « Dans l'armée romantique... » Il rappelle le rôle de son gilet rouge qui était pour les romantiques comme un étendard.

D'autres romantiques : Victor Pavie et Alexandre Dumas racontent des anecdotes. Dumas exagère les conflits entre Hugo et Melle Mars (qu'il déteste sans doute car elle concurrence les actrices qu'il courtise). Il raconte des disputes entre l'actrice et

Victor Hugo. La plus célèbre étant celle à propos du vers « Vous êtes mon lion superbe et généreux » qu'elle aurait refusé catégoriqement de prononcer alors qu'en réalité, c'est Hugo lui-même qui a décidé de suivre son conseil et de changer « mon lion » en « monseigneur ». C'est sur ces récits de Gautier et Dumas que s'appuie le téléfilm « La bataille d'Hernani » de 2002.

De plus, le fondateur du romantisme, Chateaubriand, écrit à Hugo : « J'ai vu, Monsieur, la première représentation d'*Hernani*. Vous connaissez mon admiration pour vous, ma vanité s'attache à votre lyre, vous savez pourquoi. Je m'en vais, Monsieur, et vous venez. Je me recommande au souvenir de votre muse. Une pieuse gloire doit prier pour les morts. » Il le voit donc comme un successeur.

Hugo lui-même

La préface de *Cromwell* (avant *Hernani*) semble être un manifeste pour le romantisme. Dans *Victor Hugo par un témoin de sa vie* (1863), Adèle Hugo écrit en partie sous la dictée de son mari ; elle raconte qu'un contrat fut signé avec l'éditeur le soir même de la première représentation alors que ce contrat ne fut signé que quelques jours plus tard. Les discours que Hugo dit avoir tenu en 1830 sont réinventés en 1864, dont celui où il dit à ses troupes avant la bataille, en leur donnant le billet Hierro écrit en rouge, « Nous allons combattre cette vieille littérature crénelée ». Dans *Les contemplations*, recueil de poèmes commencé en 1830, publié en 1856, il met l'accent sur ce qu'il a apporté à la littérature :

« Je fis souffler un vent révolutionnaire.

Je mis un bonnet rouge au vieux dictionnaire. (...)

On entendit un roi dire : Quelle heure est-il ? »

« J'ai disloqué ce grand niais d'alexandrin »

La censure

Les objectifs de la Censure sont d'une part de retirer des oeuvres tout ce qui semble immoral et d'autre part de retirer ce qui semble attaquer le roi ou la royauté. Les censeurs font interdire la pièce de Victor Hugo intitulée *Marion de Lorme* parce que Louis XIII (ancêtre de Charles X) donne une image peu flatteuse de la royauté (le roi y apparaît moins puissant que son ministre Richelieu). D'ordinaire, les auteurs acceptent de négocier en retranchant certains passages pour faire publier leurs oeuvres. Mais Hugo refuse de céder aux censeurs car il ne désirait nullement viser Charles X. Il refuse ce qu'on lui offre en échange de l'abandon de sa pièce, le triplement de sa pension et un poste au Conseil d'Etat, et il le fait savoir. Il se met dans une situation où il ne peut rebondir qu'en tant qu'opposant. Bien que royaliste, il a toujours défendu avant tout la liberté de création.

Hugo écrit *Hernani* en un mois environ. La censure lui demande des modifications, notamment de retrancher le nom « Jésus » fréquemment utilisé et certains vers défavorables au roi, comme « Vous êtes un lâche, un insensé ». Comme d'ordinaire, Hugo argumente pour garder certains vers et accepte d'en modifier d'autres. « Crois-tu donc que les rois, à moi, me sont sacrés ? » deviendra ainsi « Crois-tu donc que pour nous il soit des noms sacrés ? » Finalement, le censeur Brifaut, ne voulant pas interdire de nouveau une pièce de Victor Hugo qui est déjà le chef de file du romantisme et juit d'un certain soutien populaire, laisse jouer la pièce mais crit dans son rapport cet avertissement à son propos : « Elle m'a semblé être un tissu d'extravagances, auxquelles l'auteur s'efforce vainement de donner un caractère d'élévation et qui ne sont que triviales et souvent grossières. Cette pièce abonde en inconvenances de toute nature. Le roi s'exprime souvent comme un bandit, le bandit traite le roi comme un brigand. La fille d'un grand d'Espagne n'est qu'une dévergondée, sans dignité ni pudeur, etc. Toutefois, malgré tant de vices capitaux, nous sommes d'avis que, non seulement il n'y a aucun inconvénient à autoriser la représentation de cette pièce, mais qu'il est d'une sage politique de n'en pas retrancher un seul mot. Il est bon que le public voie jusqu'à quel point d'égarement peut aller l'esprit humain affranchi de toute règle et de toute bienséance.»

La censure laisse fuiter des extraits de la pièce avant même qu'elle soit jouée, afin qu'on puisse s'en moquer et la condamner.

Les journaux et les parodies

Critiques ou laudateurs, ils ont créé une attente dans le public. Avant la bataille, ils ont raconté le conflit entre Hugo et la Censure. Pendant la bataille, ils ont caricaturé l'un et l'autre camp : les romantiques sont assimilés à des barbares (alors que ce sont de jeunes bourgeois), on insiste sur leurs barbes et leurs longs cheveux, tandis que les néoclassiques sont les « chauves » et les «perruqués».

Alors qu'*Hernani* est jouée, fleurissent des parodies dès le mois de mars ! On ne parodie pas une oeuvre qui n'ait pas déjà un certain renom et en la parodiant, on contribue à sa célébrité. (Voir cours sur ce sujet).

La présentation scolaire dans les manuels des années 1880 - 1900

Tandis que Théophile Gautier avait forgé une « légende dorée » de la bataille d'*Hernani*, une « légende noire » fut élaborée par les adversaires du romantisme. Une vision étriquée des mouvements littéraires montrant le romantisme supplanté par le réalisme faisait d'*Hernani* la naissance du romantisme et des *Burgrave* sa fin (en 1843). Cette présentation faisait du romantisme une maladie qui avait corrompu la jeunesse (avec ses héros efféminés et désespérés) et le réalisme comme une guérison. On insiste sur le fait que le romantisme vient de l'étranger (Allemagne, Angleterre, Italie).

On a donc prétendu que *Les Burgrave* fut un échec. C'est faux : la première fut un succès contesté (la majorité de la salle applaudit) et il y eut 33 représentations avec de bonnes recettes. Si Hugo cesse d'écrire ensuite, ce n'est pas parce qu'il est découragé par ce prétendu échec mais parce que sa fille Léopoldine est morte. De plus, en réalité, le romantisme a commencé avant *Hernani* et a continué après *Les Burgrave* (voir *Cyrano de Bergerac* d'Edmond Rostand en 1897). Il a cohabité avec le réalisme chez certains auteurs (comme Stendhal).

Puisque Victor Hugo n'a rien inventé dans ce que sa pièce semble avoir de novateur mais qu'une légende s'est forgée autour de la «bataille» d'*Hernani*, on peut dire, comme Florence Naugrette en conférence, que « 1830 est autant un aboutissement qu'un commencement. »

La pièce a connu plusieurs modifications. Il y a donc eu plusieurs manuscrits. Voici les six états du texte que l'on peut recenser :

1) Le manuscrit autographe originel, écrit en un mois environ en 1829.

2) Le manuscrit modifié avant de le soumettre à la censure (il fallait éviter ce qui semblait viser le roi ou inciter à la débauche).

3) Après négociation avec le censeur, Hugo abandonne certains vers et en maintient d'autres dans un nouveau manuscrit. Par exemple, au vers 1371, il remplace « basse-cour » par « cour servile ». Il conserve ainsi une critique de la Cour du roi, mais elle semble moins violente aux censeurs.

4) Lors des répétitions, Hugo reçoit des conseils de ses amis et des acteurs, qu'il suit parfois. Ainsi, au vers 361, le dramaturge, sur le conseil de son ami Deschamp, remplace « bandits » (terme déjà très employé dans le reste de la pièce) par « maudits ». Sur la recommandation de Mademoiselle Mars, il abandonne sa diérèse sur « lion » au vers 1024 pour un simple « monseigneur ». Tous ces changements donnent lieu à un autre manuscrit qu'on nomme « le manuscrit du souffleur », publié quelques jours après la première représentation.

Au fur et à mesure que la pièce est jouée, sensible aux rires que suscitent certains vers, aux articles critiques dans les journaux et aux parodies, Hugo supprime certains vers. Ainsi, il renonce aux vers 1091 à 1094 dont certains journaux dénonçaient la violence.

5) En 1836, à l'occasion d'une nouvelle publication, Hugo rétablit beaucoup de vers qu'il avait enlevés à cause de la censure et rétablit certaines longues tirades qui n'ont pas été jouées sur scène.

6) La dernière publication établie par Paul Meurisse, un ami de Victor Hugo, fait un mélange des divers manuscrits précédents.

SUJET : LE POIGNARD ET LE COR SONT-ILS DE SIMPLES ACCESSOIRES ?

Le drame romantique est l'héritier du drame bourgeois et du mélodrame. Il doit au premier la mise en valeur des décors et des gestes, et au deuxième l'importance accordée aux objets. Ainsi, lorsqu'on évoque *Hernani*, la célèbre pièce de Victor Hugo jouée dès 1830 et qui fut l'occasion d'une « bataille » entre romantiques et néo-classiques, on pense à quelques éléments emblématiques comme l'armoire vaudevillesque de l'acte I, la galerie de tableaux de l'acte III ou encore la statue de Charlemagne de l'acte V. Deux objets en particulier retiennent l'attention tout au long du drame par leur valeur symbolique et par leur influence sur le déroulement de l'intrigue : le couteau et le cor. Nous nous demanderons si ces deux objets ne sont que de simples accessoires. Nous parlerons d'abord du poignard qui apparaît dès l'acte I, puis du cor qui prend toute son importance dans les actes III à V.

Le mot « poignard » revient à plusieurs reprises dans les répliques, par exemple aux vers 375 (« Mon bon poignard ») et 383 (« Un poignard à la main ») où il est vu par Hernani comme l'instrument de sa vengeance. Dans le vers 1028, il crée un paradoxe audacieux mais tout à fait au goût des romantiques puisqu'il valorise l'union des amants dans la mort : « Oh ! Qu'un coup de poignard de toi me serait doux ! » déclare Hernani à sa bien aimée, la tête sur son épaule, ce qui déclencha le rire le soir où Hugo annota son exemplaire

Souvent, le terme est placé en antithèse avec un autre :

- v. 495-6 (Doña Sol à Don Carlos en parlant d'Hernani) :

« Si le coeur seul faisait le brigand et le roi

- À lui serait le sceptre et le poignard à toi »

- v. 597-8 (Don Carlos à Hernani) : « Et que nous daignerons, nous, victimes trompées,

Anoblir vos poignards du choc de nos épées ! »

- v. 1727 (Hernani à Don Carlos) : « Vous avez l'échafaud, nous avons le poignard. »

Dans ces trois antithèses, le poignard est vu comme l'arme du bandit, personnage qui s'oppose au pouvoir royal représenté par le sceptre, l'épée et l'échafaud.

Au v. 496, Doña Sol utilise un paradoxe (c'est Hernani qui doit avoir le sceptre au lieu du roi) qui s'explique par le comportement des personnages : Don Carlos, en tentant d'enlever Dona Sol, se comporte comme un bandit tandis qu'Hernani, par ses qualités (voir vers 495), mérite le plus haut rang.

Mais le poignard est aussi un objet qui est montré et utilisé par les personnages. En cela, la pièce rappelle les mélodrames de l'époque qui n'hésitaient pas à exhiber poignards et révolvers sur scène. Mais ce que le public accèpte dans un mélodrame (genre destiné aux couches populaires) le choque dans une pièce qui relève davantage de la tragédie et qui devrait donc suivre la règle de bienséance fixée au XVIIème siècle. Epris de liberté d'écriture, Hugo place un poignard dans les mains de ses quatre protagonistes. Mais c'est dans les mains de Doña Sol que l'objet prend une valeur particulière.

D'abord, lorsque Don Carlos tente de l'enlever, la jeune femme dérobe son poignard au roi et menace : « Pour un pas, je vous tue et me tue » avant qu'Hernani n'intervienne pour la sauver. Le poignard sert ici autant à créer un retournement de situation (comme dans les mélodrames, là encore) qu'à montrer le caractère rebelle de Doña Sol. Le registre est tragique puisqu'elle envisage de se tuer après le régicide.

Ensuite, on retrouve le poignard à l'acte III, scène 4 lorsque le mariage avec Don Ruy Gomez De Silva est sur le point d'avoir lieu. Hernani adresse des piques ironiques à Doña Sol et affirme que son coeur est « infâme ». Il sort un à un les bijoux de l'écrin nuptial sans voir le poignard. Le fonctionnement de la scène renforce donc l'intensité dramatique de ce passage en adoptant la même structure que la scène des portraits qui vient plus tard, où Don Ruy Gomez passe d'un portrait à un autre et termine par le tableau qui sert de cachette. Nouveau coup de théâtre mélodramatique : Dona Sol lui montre le poignard caché au fond de l'écrin, avec lequel elle comptait se donner la mort pour échapper à son oncle, comme le suggère le vers 785 adressé à Don Ruy Gomez , « Loin de me précéder, vous pourrez bien me suivre. » Un détail prend toute son importance : ce poignard, c'est celui qu'elle a dérobé à Don Carlos à l'acte II. Or, le roi lui avait, lui aussi, proposé tout ce qu'il possédait et elle l'avait refusé :

« C'est le poignard qu'avec l'aide de ma patronne

Je pris au roi Carlos lorsqu'il m'offrit un trône,

Et que je refusai pour vous qui m'outragez ! » (vers 909 à 911).

L'ironie mordante d'Hernani est donc injuste et il s'en repend d'ailleurs aussitôt. Cette scène montre à quel point Hernani est inconstant dans son attitude (inconstance qu'on retrouvera lorsque Don Ruy Gomez viendra réclamer sa vie au dernier acte), à l'inverse de Doña Sol dont l'amour reste inébranlable malgré les reproches infondés de son amant.

A l'acte IV, Dona Sol sort le poignard qu'elle avait volé au roi (v.

1696) lorsque les conjurés sont piégés par Don Carlos dans le tombeau de Charlemagne ; Hernani en brandit un lui aussi « et l'agite ». Pardonnés, les deux amants n'auront pas à se servir de ces armes et une didascalie indique qu'Hernani « jette son poignard ». Ici comme dans la scène finale, Hernani est celui qui parle beaucoup mais n'agit pas.

Enfin, l'arme réapparaît à l'acte V, scène 6, quand Dona Sol s'oppose à Don Ruy Gomez venu prendre la vie d'Hernani. L'attitude de la jeune femme est exactement l'inverse de celle qu'elle adoptait à l'acte II face au roi. En effet, alors qu'elle avait d'abord supplié le roi (vers 525 : « Seigneur ! oh ! par pitié ! Quoi ! Vous êtes altesse ! ») puis l'avait menacé avec le poignard (vers 541 : « Avancez maintenant ! Faites un pas ! »), cette fois-ci, elle commence par menacer son oncle (vers 2065 : « Voyez-vous ce poignard ? Ah ! vieillard insensé ! ») puis laisse tomber l'arme et le supplie d'épargner son mari (vers 2070 : « Ah ! je tombe à vos pieds ! Ayez pitié de nous ! »). On peut imaginer que cette différence de comportement provient des sentiments différents qu'elle éprouve pour ces deux hommes : elle supplie Don Carlos parce que c'est un homme de pouvoir, mais face à son attitude, elle finit par se rebeller ; elle menace spontanément son oncle car elle aime passionnément Hernani, mais laisse presque aussitôt tomber son arme parce qu'elle ne tient pas réellement à tuer ce vieil homme qui ne l'a jamais maltraitée.

Tout vient du coeur chez Dona Sol et d'ailleurs, c'est de son sein que provient le poignard. Elle pourrait se servir de cette arme pour se donner la mort au dénouement de la pièce, mais elle préfère absorber une partie du poison destiné à son mari. Ce faisant, elle procure à ce dernier la possibilité d'une union des amants dans la mort, thème romantique par excellence.

Finalement, c'est Don Ruy Gomez qui se sert du poignard pour s'ôter la vie. On peut établir un parallèle avec l'acte III : l'arme qui devait causer la mort de la jeune femme lors des noces avec l'oncle cause finalement la mort de l'oncle lors des noces de la jeune femme avec Hernani. Cette présence continue du poignard tout au long de la pièce et son rôle dans la fin tragique donne le sentiment d'une fatalité mystérieuse qui s'y attache, une fatalité telle que l'évoquait Hernani lui-même (au vers 989 : « Agent aveugle et sourd de mystères funèbres ! »).

Le cor, quant à lui, est visible dès la première apparition d'Hernani et contribue à donner au héros éponyme une apparence de bandit des montagnes. On ne voit cependant jamais le héros en action en tant que tel, ni en train de piller, ce qui aurait terni son image. Hernani est le chef d'une bande de brigands et le cor lui sert à les appeler, comme il le dit lui-même aux vers 136 à 138 :

« et demain, trois mille de ses braves,

Si ma voix dans leurs monts fait résonner ce cor,

viendront... »

S'il est devenu hors-la-loi, c'est avec l'espoir de venger un jour son père condamné par le père du roi Don Carlos. Il n'y a donc rien de surprenant à ce qu'à l'acte III, scène 7, après avoir juré sur la tête de son père, il se serve de cet objet symbolique de sa rancoeur contre Don Carlos pour sceller un accord avec Don Ruy Gomez qui lui permettra d'arriver à ses fins :

« Ecoute, prends ce cor. Quoi qu'il puisse advenir,

Quand tu voudras, seigneur, quel que soit le lieu, l'heure,

S'il te passe à l'esprit qu'il est temps que je meure,

Viens, sonne de ce cor » (vers 1288 à 1291)

Cette scène est cruciale puisqu'elle prépare le dénouement de la pièce. C'est pourquoi Victor Hugo marque le spectateur en mobilisant les objets emblématiques d'Hernani et de son allié temporaire : si Hernani offre son cor, De Silva, lui, prend à témoin les portraits de son château. Or, ces portraits présentent plusieurs points communs avec le cor :

– De Silva les a longuement présentés dans la scène précédente où, comme Hernani, il s'est opposé au roi.

– La plupart des tableaux représentent ses ancêtres. Comme Hernani dont la mort du père a fait de lui un banni, chef de bandits, De Silva veille à être le digne héritier d'une lignée dont il est fier.

– L'un des portraits représente De Silva et a servi de cachette (à la façon des mélodrames) à Hernani que le roi traquait. Si le vieillard a protégé le jeune homme, c'est par sens de l'honneur, parce que, comme il le déclare au vers 1119 : « les Silva sont loyaux ». Comme Hernani qui prête serment en donnant le cor à son hôte, De Silva est quelqu'un qui accorde de l'importance aux promesses.

On retrouve le cor à l'acte IV lorsque Don Ruy Gomez offre à Hernani de le reprendre en échange du privilège de tuer Don Carlos. Ces mots : « Tu m'appartiens » rappellent que tant que le barbon détient cet instrument, l'objet n'est pas seulement symbolique, il est moteur de l'intrigue. Et puisqu'à la fin de cet acte, De Silva a toujours le cor à la ceinture mais que c'est Hernani qui obtient Doña Sol pour épouse, la suite est prévisible.

Et en effet, à l'acte V, De Silva vient réclamer la vie d'Hernani. Hugo donne toute sa force à ce passage en utilisant deux procédés.

Le premier consiste à faire sonner le cor, non une seule fois mais deux fois, puis à cesser, ce qui amène Hernani à douter dans la très courte scène 4 (aux vers 2005-6) :

« Hé bien ?... Mais tout se tait. Je n'entends rien venir.

Si je m'étais trompé. » C'est un procédé très mélodramatique (le mélodrame est un genre théâtral où il était habituel de jouer une musique lors de l'entrée en scène d'un personnage) qui génère un léger suspense.

L'autre procédé, très efficace pour générer une forte intensité dramatique, consiste à créer un quiproquo tragique. Lorsqu'elle entend le cor au loin, Doña Sol se réjouit (« Dieu ! Je suis exaucée ! ») car elle vient de souhaiter entendre de la musique en cette soirée nuptiale. Sa joie se manifeste dans un vers qui fait allusion à celui de Vigny, « J'aime le son du Cor, le soir, au fond des bois » (voir le poème «Le cor», publié en 1826 dans Poèmes antiques et modernes) : «Ah ! Que j'aime bien mieux le cor au fond des bois». Hernani, lui, a compris que son ancien allié venait réclamer sa vie. Il s'ensuit un dialogue où l'épouse exprime sa joie tandis que l'époux n'ose lui dire ce qu'elle devrait en réalité comprendre :

« DOÑA SOL. Un ange a compris ma pensée, -

Ton bon ange, sans doute?

HERNANI. amèrement. Oui, mon bon ange! à part. Encor!...

DOÑA SOL, souriant. Don Juan! Je reconnais le son de votre cor!

HERNANI. N'est-ce pas?

DOÑA SOL.   Seriez-vous dans cette sérénade de moitié?

HERNANI. De moitié, tu l'as dit.

DOÑA SOL.   Bal maussade! Ah! Que j'aime bien mieux le cor au fond des bois!... Et puis, c'est votre cor ; c'est comme votre voix.

Le cor recommence.

HERNANI, à part. Ah! Le tigre est en bas qui hurle et veut sa proie!

DOÑA SOL. Don Juan, cette harmonie emplit le coeur de joie!... »

Le spectateur en sait autant que le héros. Il est donc enclin à éprouver de la pitié pour la jeune mariée qui croit que son époux lui a préparé cette sérénade comme cadeau de noces.

Finalement, Hernani éclate : «Nommez-moi Hernani ! Nommez-moi Hernani !

Avec ce nom fatal je n'en ai pas fini !»

Le retour du cor est en même temps symboliquement le retour du père non vengé et impose donc au héros de rester le brigand qu'il était et de respecter le serment fait à De Silva.

Pour conclure, la façon dont Victor Hugo se sert du poignard (du mot et de l'objet) dans la pièce est très romantique : intensité dramatique, fatalité tragique, union des amants dans la mort sont mis en valeur. Mais c'est aussi l'occasion pour le dramaturge de créer un jeu d'oppositions, d'une part entre le roi et le brigand, d'autre part entre Doña Sol et Hernani et d'exposer ainsi le caractère de chacun. Le cor, quant à lui, est un accessoire symbolique qui place d'emblée le héros dans le rôle de bandit (de « banni ») dont le sens de l'honneur le rapproche de son rival Don Ruy Gomez. Il a un impact direct direct sur l'intrigue puisqu'il amène le dénouement tragique. Conscient de l'intérêt dramatique des objets, Victor Hugo leur accordera une attention particulière dans ses pièces suivantes. Ainsi, dans Ruy Blas, les lettres et l'habit de laquais du héros jouent également un rôle dans l'accomplissement de l'intrigue.

En dehors du poignard et du cor, d'autres accessoires ont beaucoup d'importance dans la pièce.

Les costumes :

Les costumes et divers éléments du décor servent à situer l'époque et le lieu : l'Espagne en 1519, ils font « couleur locale ». Le décor de la pièce montre un intérieur riche. Les costumes sont représentatifs du rang social (roi, bandit, seigneur) et de l'âge pour Don Ruy Gomez (le noir tranche avec le blanc de ses cheveux). Dona Sol est en blanc, ce qui symbolise sa virginité (c'est la future mariée). A l'acte III, la tenue du roi n'est plus celle d'un libertin mais celle d'un guerrier. A l'acte V, les habits montrent qu'Hernani a retrouvé son rang et qu'il est marié à Dona Sol.

Les vêtements (notamment les manteaux et chapeaux) peuvent servir à dissimuler les personnages : voir à l'acte I, Don Carlos qui se fait passer pour Hernani et surprend Dona Josepha ; voir à l'acte II, Hernani qui fait don de son manteau à Don Carlos (v. 623) pour le protéger de ses compagnons d'armes. Voir aussi l'acte III où Hernani se déguise en pèlerin et l'acte V où Don Ruy Gomez porte un domino et un masque.

La Toison d'or est un accessoire qu'on retrouve tout au long de la pièce. Il s'agit d'un collier en or avec l'insigne du bélier ; celui qui le porte appartient à un ordre de chevalerie important et montre ainsi sa loyauté au roi. Au vers 270, Don Ruy Gomez, agacé par le manque de respect des deux hommes qui se sont introduits chez lui durant la nuit, l'arrache de son cou et dit : « Tenez, foulez aux pieds, foulez ma Toison d'or ». Pour lui, c'est un objet symbolique auquel il accorde une grande valeur. A l'inverse, Hernani n'éprouve que du mépris pour ce bijou, comme le montrent les vers 399 à 420 :

« Ce qu'ils veulent de toi, tous ces grands de Castille,

C'est quelque titre creux, quelque hochet qui brille,

C'est quelque mouton d'or qu'on va se pendre au cou ».

A l'acte IV cependant, Hernani, grâcié par l'empereur, reçoit justement la toison d'or (voir vers 1770). C'est l'occasion pour Don Carlos devenu Charles Quint de montrer qu'il renonce à ses prétentions amoureuses et se conduira désormais comme un vrai souverain :

« Mais tu l'as, le plus doux et le plus beau collier,

Celui que je n'ai pas, qui manque au rang suprême,

Les deux bras d'une femme aimée, et qui vous aime !

Ah ! tu vas être heureux ; - moi, je suis empereur. »

En recevant la Toisor d'or et en écoutant ces vers, Hernani tisse un double lien : de loyauté envers le roi et de mariage avec Dona Sol ; il oublie alors qu'il est lié à une troisième personne (Don Ruy Gomez) par un autre objet (le cor).

Don Ricardo, à l'acte V, trouve anormal qu'Hernani ait obtenu la Toison d'or (au vers 1845 : « Avoir la Toison d'or ! - marié ! - pardonné ! ») tandis que Dona Sol s'en réjouit : « Que sur ce velours noir, ce collier d'or fait bien ! » (vers 1934). Mais là encore, on a l'occasion de constater que Dona Sol est indifférente aux richesses puisqu'elle déclare ensuite que, sur le roi, elle n'avait pas remarqué la Toison et dit à son époux : « C'est ton cou qui sied au collier d'or ! / Vous êtes noble et fier, monseigneur ». Don Ruy Gomez et sa nièce ont ceci de commun : ils estiment tous deux que ce bijou se mérite par des actions et non par la naissance.

La lumière :

Les flambeaux créent une ambiance mystérieuse et la sensation que des actes frauduleux vont avoir lieu.

A l'acte II, le jeu sur les lumières met en valeur le rendez-vous interdit de Dona Sol avec Hernani.

Les armes :

Elles montrent la vaillance des protagonistes. Voir l'énumération du vers 276. Les épées jouent un rôle important dans l'opposition entre le roi et le bandit (Hernani fait preuve de noblesse en cassant son épée face à Don Carlos qui refuse de se battre à l'acte II) et dans le pacte entre le bandit et le seigneur (Hernani refuse le duel que lui propose Don Ruy Gomez à l'acte III).

Les portraits :

Ils permettent à Don Ruy Gomez d'insister sur la noblesse de sa lignée et sur son sens de l'honneur (c'est son propre portrait qui sert de cachette à Hernani et amène une opposition au roi pour ne pas enfreindre les lois de l'hospitalité).

L'écrin nuptial :

Il montre, par sa profusion de bijoux, la richesse de Don Ruy Gomez. C'est ce qui fait éclater la colère d'Hernani, qui connaît mal sa bien aimée puisqu'il la croit sensible à cela. Pour Dona Sol, cet écrin et sa tenue de mariée doivent la conduire à la mort et elle a caché un poignard au fond.

La clé :

Don Carlos, à l'acte IV, détient la clé du tombeau et, symboliquement, de l'intrigue. Mais il disparaît à l'acte V et le destin tragique d'Hernani s'accomplira malgré tout.

La fiole de poison :

Hernani et Dona Sol ne meurent pas de la même façon que Don Ruy Gomez. Ce dernier se tue avec un poignard. Lla didascalie ne précise pas si c'est avec le poignard qu'il a apporté à Hernani et dont il est question au vers 2015 («Du fer ou du poison. Ce qu'il faut, je l'apporte») ou avec le poignard que Dona Sol avait volé au roi et qu'elle laisse tomber au sol au vers 2070. Le vieillard meurt donc seul tandis que les deux amants sont unis dans la mort (chacun a bu la moitié de la fiole).

Hugo a envisagé successivement trois sous-titres pour *Hernani* :

« Tres para una »

« La jeunesse de Charles Quint »

« L'honneur castillan »

Deux de ces sous-titres renvoient à la couleur locale : l'Espagne. L'un avec l'adjectif « castillan », l'autre avec une locution qui rappelle la comedia nueva espagnole et qui signifie « Trois pour une » (c'est à dire trois rivaux pour une femme). « La jeunesse de Charles Quint » renvoie quant à lui à une réalité historique puisqu'en 1519, le roi Charles Ier était effectivement un jeune libertin.

Remarque : on peut vous demander, à l'épreuve du bac, si vous estimez que ces sous-titres sont justifiés.

On peut avancer trois raisons qui ont pu conduire Hugo à choisir l'Espagne comme lieu de son intrigue.

Pour éviter la censure.

Rappelons que la précédente pièce de Victor Hugo, *Marion de Lorme,* n'a pas pu être représentée parce que la censure l'a jugée subversive : on y voyait Louis XIII moins puissant que Richelieu (la clémence du roi est annulée par le cardinal) .Les censeurs ont pensé que derrière Louis XIII, il y avait une allusion au roi en place, Charles X, d'autant que Louis XIII était son ancêtre. Le dramaturge avait donc intérêt à situer l'action de son nouveau drame non seulement à un autre siècle que le sien (comme c'était déjà le cas dans *Marion de Lorme*) mais aussi dans un autre pays que la France.

Pour suivre un modèle littéraire

Il suffit de lire la préface de *Cromwell* pour se rendre compte de l'admiration que Victor Hugo éprouve pour Pierre Corneille, en particulier pour *Le Cid*. Rappelons que cette pièce, au XVIIème siècle, déclencha une querelle à propos du non respect de la règle des trois unités et du mélange des genres.

Hugo apprécie aussi la comedia nueva espagnole, qui propose des pièces « de cape et d'épée ». Hugo a l'occasion d'en voir en France, une dizaine d'années avant de créer *Hernani*. La comedia nueva s'affranchit des règles classiques pour proposer des intrigues tournant autour de rendez-vous secrets, de quiproquos et de duels.

Pour se servir de souvenirs d'enfance

(voir la biographie). Enfant, Hugo a été marqué par son séjour en Espagne, où sa mère l'a emmené rejoindre son père (officier dans l'armée de Joseph Bonaparte). Il passa par le village d'Ernani. Pour sa pièce de 1830, il reprend le nom du village et ajoute le H de «Hugo».

Les remarques du tableau suivant montrent que le sous-titre « Tres para una » envisagé par Hugo avait sa pertinence. D'ailleurs, les titres des trois premiers actes évoquent chacun l'un des trois rivaux.

Les rivaux	Dona Sol
Don Carlos *(Titre acte I : le roi)* Amour libertin (v.527-8) : attrait charnel (v.431-2 : «yeux noirs» + superlatif + anaphore + exclamations) puisqu'il ne connaît DS que de vue (v.281). Jalousie envers H (v.183-5). Prêt à tout pour avoir DS : s'introduire chez elle, la partager, provoquer en duel son amant, l'enlever, la prendre en otage. Lui propose le mariage : v.506-7 Peu importe son consentement : v.521-4. Amour qui semble fort : «Que je meure!» (v.16), «mon sang	Aucun amour. Lui résiste : acte II. Indifférente aux titres : v. 510-516 («Que d'être impératrice avec un empereur »). Montre qu'elle estime plus H : v.495-6 (« (...) il serait le roi, prince, et vous le voleur »). Lui rappelle son rang : « Trop pour la concubine et trop peu pour l'épouse » (v.502) Courageuse, elle est prête à tuer : « Pour un pas, je vous tue et me tue ! » (v.543) (avec le poignard qu'elle lui a volé en se débattant).

bout» (v.415) mais faut-il prendre ses paroles au sérieux ? (Humour constant qui montre une distance du personnage par rapport à ce qu'il dit). Ne comprend pas le caractère de DS : v.1384-5 («(...) peut-être on voudra d'un César») alors que peu lui importent les titres.

Métamorphose dans le tombeau de Ch. Donne DS à H (v.1753) même s'il semble le regretter : v.1772-5 : «(...) Ah ! Tu vas être heureux ; - moi, je suis empereur»

Otage à partir de l'acte III.

Toute à sa joie à l'acte IV, n'exprime pas de reconnaissance pour la clémence de l'empereur.

Hernani

Titre acte II : le brigand

Amour passionnel, extrême (v.519-20 « (...) baiser le pavé ») et v.37-8 : « que je vois / Enfin ! » alors qu'ils se voient tous les soirs (v.9) Besoin d'être tout le temps avec DS : v.59-62. Regards ardents (didascalie).

Amour qui semble divin : H dit à DS qu'elle est un ange + « blasphémé » (v.929). Chasteté : v.706 premier baiser réclamé par H car ils ont le sentiment qu'H va mou-

Estime (v.495-6) et forte inclination (v.155). Comme H : « J'ai besoin de vous voir et de vous voir encore. » (v.156). Elle lui pardonne ses excès (v.915)

Encore plus chaste qu'H : v.706 ne donne qu'un baiser au front ; à la nuit de noces, préfère regarder le paysage qu'aller dans la chambre. Mais reçoit son amant tous les soirs (acte I en forme de vaudeville).

rir. Cependant, à la nuit de noces, H. cherche à entraîner DS vers la chambre. Et v. 2018-26 : demande un sursis d'une nuit à DRG.

Amour incertain, jaloux : H. s'emporte au moindre signe qui lui laisse penser que DS l'a trahi. v.74-78 : s'affole d'un baiser au front par DRG. III,4 : vifs reproches car il croit que DS va se marier avec DRG.

Risque sa vie pour elle (duel, offre sa vie à DRG à III,5 pour qu'il garde DS en vie). Il renonce à venger son père pour elle (acte IV).

Tiraillements : - Aime DS mais ne veut pas lui faire vivre les dangers de sa vie de bandit : v. 126-46.

- Hésite à respecter son serment à DRG : « Eh bien, non ! Et de toi, démon, je me délivre. / Je n'obéirai pas. » (v.2032-33) pour rester avec DS. Il finit par céder, une fois qu'elle a pris le poison.

Amour passionnel ; prête à tout pour H : répétition de « Je vous suivrai » (par ex. v.125). Et v.2221 : « Tu ne sais pas aimer comme aime une Silva » : prend le poison mais en laisse pour qu'H puisse s'unir à elle dans la mort.

Don Ruy Gomez de Silva *Titre acte III : le vieillard* Amour qui semble ridicule : sté-	Respectueuse (se laisse embrasser sur le front et v.2062-3 « par pitié», « J'ai

réotype du barbon (il a 60 ans) comme dans les comédies, il veut épouser sa jeune nièce.

+ personnage naïf, qui ne comprend pas ce qui se passe : se contente de l'explication de DC (I,3) ; s'excuse auprès de DS de l'avoir crue coupable (III,1) ; laisse H seul avec DS (III,4), ne comprend pas les intentions de DC qui emmène DS en otage (voir réaction « Il l'aime ! », v.1275)

Conscient de sa vieillesse ; mais amour égoïste : v.771-84 (« veille sur lui », « coeur qui se dévoue », « Tu seras pour moi cet ange au coeur de femme / Qui du pauvre vieillard réjouit encore l'âme »). Il sait qu'elle ne l'aime pas mais se contentera de marques d'amour : « Et sans aimer peut-être, a des semblants d'amour ! »

Jalousie qui le pousse à vouloir se battre malgré son âge (avec les deux hommes en I,3, avec H en III,5). Dépité à la fin de l'acte IV que DS ne l'ait pas vu. Refus de laisser DS à H : apporte le poison et refuse le délai demandé par H.

Amour passionnel : une fois DS morte, il se suicide.

fait la fille douce ») mais prête à se suicider si le mariage a lieu : v.785-90 (« Loin de me précéder, vous pourrez bien me suivre »...) avec le poignard qu'elle a volé à DC (v. 910) caché dans son coffret de noces (III,4).

Ne voit pas DRG dans le tombeau (v.1695)

Défend H à l'acte V avec un poignard mais s'effondre aussitôt et supplie : v.2065-70.

Prend des mains d'H le poison qui lui était destiné.

En 1819, Victor Hugo, alors ultra-royalite, fonde *Le Conservateur littéraire*, journal légitimiste. Louis XVIII appréciera ses poèmes et lui octroira même une pension pour l'un d'entre eux. En 1825, le poète écrit une ode pour le sacre de Charles X. Puis il se met à admirer Napoléon et à évoluer vers le libéralisme. Il montre en 1829 qu'il est un homme engagé, avec la publication du *Dernier jour d'un condamné* (contre la peine de mort). On peut s'attendre à ce que sa vision politique s'exprime aussi dans sa pièce de 1830, *Hernani*, même si, afin d'éviter la censure comme pour *Marion Delorme*, Hugo a pris soin de placer sa pièce dans l'Espagne du XVIème siècle. Nous nous demanderons dans quelle mesure le pièce a une portée politique. Nous verrons qu'elle parle de monarchie et d'empire, des valeurs féodales, et qu'elle n'oublie pas le peuple.

Victor Hugo critique vivement les dérives de la monarchie héréditaire. En effet, le roi Don Carlos profite de son rang pour s'arroger Dona Sol (en la prenant comme otage à l'acte III). C'est un roi qui ne tient pas ses engagements, comme on le voit aux vers 314-18 ou encore aux vers 1365-66 :

« Oui, trois de mes cités de Castille ou de Flandre,

Je les donnerais ! - sauf, plus tard, à les reprendre ! »

Et il réprime durement toute opposition comme le montre Hernani en évoquant « ses bourreaux » (v. 645).

De plus, ses courtisans sont méprisables : le roi lui-même les compare dans un jeu de mots à une « basse cour » (v.1371), se plaignant de leur hypocrisie :

« Comme à travers la nôtre ils suivent notre pensée » (v. 1370). Don Ricardo est le personnage qui illustre le mieux cette bassesse. Il s'incline facilement (deux fois à l'acte II, scène 1) et parle peu mais de façon à plaire au roi. Ainsi, aux vers 439-40, il reprend la métaphore de la colombe que Don Carlos vient d'utiliser. Cette hypocrisie est d'ailleurs pointée par les autres courtisans : lorsque Don Ricardo dit qu'à la fête, un masque lui fait une autre tête, Don Sancho ironise tout bas : « Que n'est-ce alors tous les jours fête ! » Don Ricardo saisit la moindre occasion de gagner en titre de noblesse. Dès l'acte II, le roi lui concède, après l'avoir appelé « Comte » par mégarde : « J'ai laissé tomber ce titre. Ramassez ». A l'acte IV, (v. 1363), le courtisan profite de ce que le roi l'appelle « mon ami » et le tutoie pour obtenir le rang de « grand ». Cette attitude provoque le dégoût de Don Carlos qui l'exprime par des exclamatives : « Ambitieux de rien ! Engeance intéressée ! » mais Don Ricardo répond aussitôt par une nouvelle flatterie en le nommant « Altesse » alors qu'il ne l'est pas encore. Le vil courtisan évoque lui-même son ascension dans une gradation au v. 1818 : « D'abord comte, puis grand, puis alcade de cour » et s'en montre fier alors qu'il ne la doit qu'à son opportunisme (il est là au bon moment), comme le fait remarquer Don Graci (v. 1822) : « Vous avez profité de ses distractions ». Don Ricardo ne cherche ni l'interêt du pays ni même celui du roi mais le sien et celui de ses amis pour lesquels il intercède aux vers 1424 à 1426 :

«Seigneur, vous songerez

Au comte de Limbourg, gardien capitulaire,

Qui me l'a confiée et fait tout pour vous plaire.»

S'il critique la dérive de la monarchie, Victor Hugo valorise en revanche l'empire. Dès la préface d'*Hernani*, on sent déjà l'admiration qu'il éprouve pour Napoléon puisqu'il reprend une phrase célèbre que celui-ci avait prononcé au moment d'accéder au pouvoir : « Ni bonnet rouge, ni talon rouge »). Hugo envisage même un temps de sous-titrer sa pièce « La jeunesse de Charles Quint », mettant ainsi en valeur le thème politique de l'accession du roi au titre d'empereur. Le long monologue de l'acte IV, scène 2 prône un pouvoir où l'empereur, élu par des princes, épaulé par le clergé (« Le pape et l'empereur sont tout », dit le vers 1457) doit se montrer à la hauteur de sa tâche. Inspiré par l'exemple de Charlemagne, Don Carlos fait l'éloge du christianisme et, dans une sorte de nekuia, demande au mort illustre de l'aider à avoir le charisme d'un empereur (v. 1559-60) :

« Verse-moi dans le coeur, du fond de ce tombeau,

Quelque chose de grand, de sublime et de beau ».

Vigny, autre auteur romantique, évoquait en 1826, dans son poème « La neige » la clémence de Charlemagne. Eh bien, le premier geste grandiose de Don Carlos devenu l'empereur Charles Quint, sera de tout pardonner à Hernani et de lui accorder la main de Dona Sol. Victor Hugo invite cependant à rester méfiant : l'empereur nomme Don Ricardo chef de la police. Or, on a vu comme ce dernier était méprisable, et c'est un homme qui userait volontiers de violence. Aux vers 1831-2, il déclare :

« Ce Luther, beau sujet de souci et d'alarmes !

Que j'en finirais vite avec quatre gendarmes ! »

Et il regrette que l'empereur n'ait pas fait tuer Hernani. Il dit aux vers 1845-6 :

« Loin de là, s'il m'eût cru, l'empereur eût donné

Lit de pierre au galant, lit de plume à la dame. »

Mais la pièce va au-delà de la critique ou de la valorisation d'un régime politique. Elle porte aussi sur les valeurs respectées par la noblesse. Cela se voit particulièrement dans l'affrontement entre Dom Ruy Gomez qui respecte les valeurs féodales comme, par exemple, le respect de la parole donnée et le devoir d'hospitalité, et Hernani, plus moderne. Don Ruy Gomez respecte le roi (son collier de la toison d'or mis en valeur dans l'acte I en est un signe) mais il respecte plus encore ces valeurs puisqu'il n'hésitera pas à s'opposer à Don Carlos quand ce dernier lui réclamera Hernani, auquel le vieux duc a accordé l'hospitalité. Il préfère laisser le roi emmener Dona Sol en otage, alors qu'il était sur le point de l'épouser, plutôt que de trahir Hernani. Notons tout de même que s'il va à l'encontre de la volonté du roi dans l'acte V, ce n'est plus au noms de valeurs féodales mais par désir de se venger : à l'inverse de l'empereur, Don Ruy Gomez ne pardonne pas.

Hernani, lui, est un héros jeune, opposé à la fois au roi et à Don Ruy Gomez, en tout cas au début de la pièce. Ce qu'il fait passer avant tout, c'est son amour. C'est d'ailleurs par amour qu'il refuse que Dona Sol l'accompagne dans sa vie de bandit montagnard. Mais il est fier de sa noblesse : « Je suis Jean d'Aragon », ... « si vos échafauds sont petits, changez-les. » Sa quête individuelle (venger son père) et son pacte avec Da Silva le rapprochent des valeurs féodales. Hernani hésite à la fin de la pièce entre deux systèmes de valeur : doit-il honorer le serment du cor ou rester en vie pour Dona Sol à qui il vient de prêter un autre serment, celui du mariage ? Lorsqu'il finit par se suicider, on ignore s'il absorbe le poison pour rejoindre Dona Sol ou pour honorer son serment.

Enfin, la pièce prend une dimension politique lorsqu'elle évoque le peuple. Hernani semble de prime abord être le représentant du peuple opprimé puisqu'il s'oppose à Don Carlos avec panache :

« Crois-tu donc que les rois à moi me sont sacrés ? » Mais, bien qu'à la tête des montagnards, Hernani reste un noble (exclu du pouvoir car son père a été banni) dont on ne connaît pas les activités : on ne le voit pas voler les riches pour donner aux pauvres, par exemple. Lorsqu'il dit : ««Je suis Jean d'Aragon, roi, bourreaux et valets ! / Et si vos échafauds sont petits, changez-les ! », il n'est pas un représentant du peuple mais un noble fier de son rang. D'ailleurs, lorsqu'il récupère son titre de noblesse, on ne voit à ses noces que des courtisans du roi.

Don Carlos suit le mouvement inverse d'Hernani : dans les premiers actes, entièrement occupé à courtiser Dona Sol, jamais présent dans son palais à gérer les affaires du royaume, il ne s'occupe pas du peuple ; mais une fois élu empereur (par des princes), il devient porteur d'espoir : « Redonnant une forme, une âme au genre humain » (v. 1484); il y a alors une prise en compte du peuple comparé à un « essaim » (v.1523), à un « océan » dans une métaphore filée (« onde », « vague », « flot »), à un « miroir » (v. 1536), à une « pyramide » (v. 1545) et à un tremblement de terre (« En sentant sous mes pieds le monde tressaillir »). Ces diverses images montrent la puissance du peuple dont la multitude est à redouter lorsqu'il se révolte. Remarquons que, dans la préface du drame, il est visible qu'Hugo aime le peuple (un peuple qui doit être guidé par le poète, d'après son poème *Les rayons et les ombres*).

En conclusion, Victor Hugo dénonce dans ce drame l'autoritarisme de certains rois et l'hypocrisie de leurs courtisans. A l'inverse, il valorise l'empire, qui suppose d'avoir à sa tête un homme charismatique, sachant gouverner en harmonie avec la papauté et faire preuve de clémence dans son exercice du pouvoir. Hugo pose au passage la question des valeurs féodales, incarnées tantôt par Don Ruy Gomez tantôt par Hernani. Enfin, il montre l'importance du peuple, davantage dans la nekuia de Don Carlos que dans la rebellion d'Hernani. La passion d'Hugo pour le peuple l'a d'ailleurs guidé dans son écriture d'*Hernani*, n'hésitant pas à s'inspirer de genres populaires comme le vaudeville et le mélodrame. Hugo désire adresser ses drames à tout le monde. Mais cela se voit peu dans *Hernani* qui relève malgré tout majoritairement de la tragédie. Son amour du peuple se verra davantage dans ses oeuvres ultérieures (*Notre Dame de Paris, Les Misérables, Ruy Blas*).

Pour ce sujet, je vous indique uniquement le plan et les idées. En-traînez-vous à rédiger le devoir de façon à ce que le plan ne soit plus apparent.

I. L'honneur selon Don Ruy Gomez :

1) L'honneur féodal. Illustré dans l'acte I, scène 3 lorsqu'il sur-prend les courtisans de DS, puis dans l'acte III, scène 6, dans la ga-lerie des portraits. Valeurs dont il est fier :

- respecter la vieillesse (v. 227 : « Ces hommes-là portaient res-pect aux barbes grises »)

- respecter la chasteté des femmes (v.228 : « Faisaient agenouiller leur amour aux églises »)

- exercer le pouvoir (v.1130 « qui fut trois fois consul de Rome »

- assumer ses responsabilités (v. 1136 : « s'exila pour avoir mal conseillé le roi »)

- avoir le sens du sacrifice (v. 1140 : « Christoval prit la plume et dona son cheval »)

- être courageux au combat (v. 1146 : « Il prit trois-cent dra-peaux »)

- respecter ses promesses (v. 1150 : « Sa main pour un serment va-lait les mains royales »)

- rester loyal (v.1161 : « Il vécut soixante ans, gadant la foi jurée »), en particulier au roi (voir aussi le collier de la toison d'or).

- respecter le devoir d'hospitalité (v.1178 : « vendit la tête de son hôte ! » dit avec indignation).

Sentiment que le monde a changé et ne respecte plus ces valeurs : voir vers 237 à 242.

2) Problème : ces valeurs peuvent s'opposer les unes aux autres. DRG doit renoncer à sa loyauté au roi pour respecter les règles de l'hospitalité et la promesse qu'il a faite à H de le protéger. Attitude qui n'est pas dictée par le sens de l'honneur à la fin : exige la vie d'H pour le priver de DS (mais avec l'intention de mourir lui aussi).

II. H. et DS

1) H. partage ces valeurs féodales : prêt à se battre, prêt à mourir (promesse du cor), cherche à venger son père, fierté d'être un noble. Et laisse partir DC à l'acte II. Mais ne les suit pas toujours, emporté par l'amour : dissimule son identité en se faisant passer pour un pèlerin, renonce à venger son père et accepte la toison d'or qu'il a dénigrée au vers 401, hésite à tenir sa promesse faite à DRG quand ce dernier vient réclamer sa vie. Et quand enfin il se donne la mort, on ignore si c'est pour honorer son serment, être digne de son père (v. 2110 : « Et je vais à ton père en parler chez les morts ») ou par amour pour DS qui a bu le poison.

2)   DS, elle, est une femme d'honneur : elle a gardé sa pureté. (Néanmoins, elle reçoit H. tous les soirs dans sa chambre...). Elle se défend avec un poignard face au roi et face à DRG. Elle boit le

poison la première.

III. Le roi

1) D'abord une attitude peu digne de son rang : libertin. Il s'introduit en douce, propose de partager DS (v. 188 à 190). Mais est capable de faire preuve de sens de l'honneur : il laisse partir H. à l'acte I, scène 3 : v. 378-9 : « Mais le roi Don Carlos répugne aux trahisons.

Allez, je daigne encor protéger votre fuite. »

Et il refuse de se battre en duel avec un vulgaire bandit alors qu'il est roi (acte II).

2) Mais c'est à l'acte IV qu'il devient un autre homme, désirant être digne de Charlemagne. S'ensuit sa clémence pour H. Il devient alors un grand homme, meilleur que DRG qui, lui, va vouloir se venger. DRG et DC ont un parcours inverse en ce qui concerne le sens de l'honneur.

A travers des exemples pris dans trois parodies, on perçoit nette-
ment quels sont les reproches qui ont été faits à Hernani.

HARNALI ou la contrainte par cor	OH!QU'NENNI ou le mirli-ton fatal	N.I.NI ou le danger des Castilles
L'invraisemblance psychologique : HARNALI, *gaiement, et d'un air surpris*. Tiens! c'est particulier, ma haine qui s'en va. QUASIFOL. Quoi! ton affreux cour-roux, ta colère funeste?... HARNALI. Je viens de les quitter, comme on quitte une veste	OH!QU'NENNI (...) tu vois à tes pieds un bandit, un monstre, un scélérat, un voleur, un brigand et autres ; mais ça ne m'empêche pas d'être tendre, sensible, délicat et vertueux.	DON PATHOS. De tout ce que j'ai dit je ferai le contraire, Pour mieux prouver que j'ai le plus grand caractère
L'invraisemblance de situation : QUASIFOL. O mon doux maître ! Quel sera ton signal pour te faire connaître ? HARNALI. Ecoute, mon enfant, tu connais bien ma voix ? QUASIFOL. Oui, certes ! HARNALI. Dans ma main je frappe-rai trois fois.	OH!QU'NENNI Eh ! bien, vieillard respectable, livre-moi à eux. DEGOMME Ecoute ! Ohqu'nenni, il est écrit que je serai bête jusqu'à la fin. Depuis hier au soir, tu m'as fait des farces indignes ! Mais je ne te li-vrerai pas	DEGOMME (*à N,i,ni*) Restez. (*à Parasol*) Tiens compagnie à ce jeune étranger, Et qu'on ne vienne pas, surtout, les déranger.
Remise en cause de la vertu de Dona Sol : HARNALI. (...) Allons ! allons sauver la belle que j'adore !		N.I.NI Quittons-nous... Un baiser... peut-être le dernier ! (*Il l'embrasse*). PARASOL Heureusement pour moi ce n'est pas le

		premier.
COMILVA. Conservons sa vertu. HARNALI. S'il en est temps encore.		
La mauvaise répartition de la parole : COMILVA. Eh bien ! mon bon ami, que dit-on de nouveau ? CHARLOT. Je vous le dirais bien, mais il est malhonnête, De deviser ainsi, tous les deux, tête à tête, Quand votre nièce est là, sans rien dire. COMILVA. Allons donc ! Dans la chambre elle peut marcher en large, en long ; Que m'importe après tout !... je n'ai rien à lui dire ; Nous causons tous les deux, et cela doit suffire.		N.I.NI (...) Oh ! laisse-moi dormir et parle-moi toujours... PARASOL J'aurais donc la parole...
La longueur de la pièce : RICARD, Pardonnez-lui, bon dieu ! dans ce long monologue, Des sottises qu'il dit, l'étonnant catalogue ; Car, hélas ! en dînant, il a bu plus d'un coup ; Parfois, dans cet état, on bavarde beaucoup.	DEGOMME Toutes ces croûtes, ce sont les Dégommé ; de père en fils, depuis 1515 jusqu'en 1830. Pierre, donne-moi la badine à battre les habits, que je fasse l'explication des figures. Messieurs et Mesdames, le premier portrait que vous voyez dans le fond est le mien. Voyez si l'on ne dirait pas qu'il va parler avec son bonnet de coton. Le second est celui de mon vénérable père : Pierre-Jean-François Claude Dégommé... Le troisième... BLAGUINOS Assez !...	DEGOMME Alors tournez les yeux, regardez, je vous prie, Je vais vous expliquer ma généalogie N.I.NI Il faut que je te dise encore une tirade... Me voici, me voilà... Serre-moi dans tes bras, Je parle et parlerai plus que tu ne voudras.

	ça n'est pas amusant du tout : ce n'est pas pour ça que je suis venu.	
Le prosaïsme : QUASIFOL (...) Mon oncle, dès demain, me mène à la mairie, Il m'épouse. HARNALI. Qui ? Lui ?... Je me disais aussi Qu'un malheur imprévu devait m'attendre ici ; Regardez-moi, mon nez est écorché, peut-être ? QUASIFOL. Mais, non. HARNALI J'ai déboulé du haut de la fenêtre, Et je serais encor dans la rue épaté, Sans un verre de vin, qui m'a ravigoté.	BLAGUINOS M'en aller ? (...) quand je suis sous le même toit que celle que j'adore, que j'aime, que j'idôlatre !... JOSEPHINE Depuis quand donc que vous l'adorez ? BLAGUINOS Depuis ce matin à neuf heures trois quarts.	PARASOL Mon rat ! N.I.NI Mon chat ! PARASOL Mon chou ! mon loulou ! N.I.NI Ma poupoule ! Les beaux yeux que tes yeux ! PARASOL (*lui prenant la tête*) Et toi la bonne boule ! Mais quand je t'attendais, pourquoi venir si tard ? Ta montre, cher ami, serait-elle en retard ? N.I.NI Non, car elle est en plan ! PARASOL En plan ! Quel beau langage ! (*Avec l'air du plus profond mépris*) Un classique aurait dit : j'ai mis ma montre en gage.
L'acte V a semblé en trop COMILVA. J'ai toujours la trompette ! Eh bien, je te la rends, c'est une affaire faite, Si tu veux me céder ton rôle pour le mien. HARNALI Je refuse. COMILVA. Et pourquoi ?	OH!QU'NENNI Alors, la farce est finie ? BLAGUINOS Elle le serait si on voulait. DEGOMME Mais je suis dans mon coin comme le Père Sournois et je m'y oppose. BLAGUINOS Alors prévenez donc ! Par une erreur funeste,	L'Administration a l'honneur de prier le Public de vouloir bien rester à sa place. On pourrait croire que la pièce est finie; mais avec un petit moment de préparation, nous allons vous donner le second et le seul dénouement de l'ouvrage.

HARNALI. Pourquoi ? je le sais bien. COMILVA. Mais, stupide animal ! as-tu la cataracte ? Pourquoi me refuser? HARNALI, *lui parlant à l'oreille.* Il faut un cinquième acte.	Le public s'en irait sans demander son reste.	
Certains vers : Mais tu n'y perdras rien ; nuit et jour je te suis, Et puisque tu l'as dit : De ta suite j'en suis.	BLAGUINOS Ce particulier est un jeune homme de ma suite. OH!QU'NENNI, *à part, avec fureur,* Ah ! Ah ! C'est bon, j'en suis... oui je suis de ta suite ; Je te suivrai de suite et nous verrons ensuite.	N.I.NI Ah ! Je suis ton laquais, ton groom, ton domestique... Eh bien ! Oui, que j'en suis... oui, mauvaise pratique, De ta suite jen suis, et sans cesse et toujours...
Le mélange des genres : HARNALI Quasifol! que fais-tu? quels projets sont les tiens? QUASIFOL Je veux croquer aussi la boulette tragique. HARNALI Mais tu vas te donner une affreuse colique. (...) HARNALI A mon tour, à présent, la boulette!...O poison! Toi qui causes ma mort!...Tiens! mais c'est assez bon A manger. Dis donc, ô ma maîtresse héroïque! Cela commence-t-il? Sens-tu quelque colique?	OH!QU'NENNI (...) Je ne suis plus à moi. BELLE SOLE Non, tu es à moi. OH!QU'NENNI Ma vie, mon corps, appartient au père Dégommé ; je me suis vendu ! BELLE SOLE Quel marché ! Lui qui n'achetait que des dindons, il achète des hommes... Pourquoi faire ? Il n'est pas de la conscription...	PARASOL Je crois qu'il va pleuvoir. N.I.NI Ouvre ton coeur au mien. Ouvre le Parasol, je vais ouvrir le tien... (*Il ouvre le parapluie de Parasol, et le tient sur leurs têtes en causant.*)
Le stéréotype de la lune : QUASIFOL. Voyez, mon cher ami, que la lune est jolie! HARNALI. Oui, la lune est très-bien, je la trouve embellie...	BELLE SOLE Pendant que nous sommes seuls, faisons le serment d'être unis l'un à l'autre. OH!QU'NENNI Non, l'un à l'une, si ça t'est égal, ou	(*L'orchestre joue l'air Au clair de la lune*) PARASOL Parlons, ça nous fera passer quelques instants. Oui, parlons... de la pluie... et même du beau

Mais à l'heure qu'il est, ce n'est pas le moment,
Un jour d'hymen surtout, de causer firmament.

QUASIFOL. Vois, qu'il est beau, ce ciel, quand la lune l'éclaire !

Moi, j'aime, dans la nuit, surtout quand elle est claire,

Le chant des moineaux francs, et des chardonnerets.

HARNALI, *à part.*

Avec ça, que la nuit ils ne chantent jamais.

QUASIFOL , *regardant toujours en l'air.* Les étoiles du ciel, l'ombre silencieuse,

Et le chant des oiseaux, font l'âme harmonieuse ;

Mais ne trouvez-vous pas, que la lune pourtant...

HARNALI, *frappant du pied et s'éloignant brusquement de Quasifol.* Qu'une femme astronome, est un être embêtant !

bien l'une à l'un, ou bien l'autre à l'autre.

BELLE SOLE Dieux !... que de l'un et que de lunes !

temps.

N.I.NI Oui, parlons du soleil.

PARASOL Non, parlons de la lune

C'est plus de circonstance au sein de la nuit brune.

Tiens, regarde là-haut l'étoile de Vénus.

N.I.NI Ce n'est que pour l'amour que nous sommes venus.

PARASOL Comme notre bonheur, cet astre se dévoile.

N.I.NI Je pense à nos rideaux en regardant l'étoile.

PARASOL Regarde au loin blanchir, sous ce disque éclatant...

N.I.NI Je regarde la chambre, où le bonheur m'attend.

PARASOL Regarde donc en l'air.

N.I.NI Nous allons donc, ma mie,

Faire, toute la nuit, un cours d'astronomie ?

| **Les métaphores animalières**

HARNALI. (...) Si ce n'était le soin de mes mains délicates,

Je voudrais devant toi, marcher à quatre pattes, | OH!QU'NENNI (...) mon adorable Sole, quand je te vois, mon cœur saute comme un goujon dans la poële. | N.I.NI Tu seras le daim dont mes pieds suivront la trace.

DEGOMME Ou bien tu vas venir trouver Mon- |

Et lécher comme un chien, la trace de tes pas. QUASIFOL. Tout est changé chez moi, tout, depuis ce matin... *(Elle se jette dans les bras d'Harnali.)* Oui ! je suis la lionne, et je n'ai qu'un Martin	BLAGUINOS (...) Je pourrais même lui glisser un mot de la ménagerie de Monsieur Martin.	sieur Martin... Dans sa ménagerie ; il t'attend ce matin ; Il doit laisser à jeun son aimable lionne, Elle a, pour son dîner, compté sur ta personne.
Le non respect de la règle des 3 unités : LE DOMESTIQUE, *entrant.* Les régisseurs, exerçant à Paris, Viennent complimenter leur nouveau camarade, Et fraternellement vous donner l'accolade. CHARLOT. Du tout, je ne veux pas. Ce serait du nouveau, Qu'une telle algarade au fond de ce caveau. Vit-on jamais choisir une cave malsaine Pour faire de la pompe et de la mise en scène ?	BLAGUINOS Oui, nous aurions pu aller dans la rue, d'autant que Belle Sole m'a mis à la porte ; mais il aurait fallu changer de décoration, et cela n'aurait avancé à rien. DEGOMME (...) Nous aurions pu aller faire la noce à ma maison de campagne ; mais nous serons aussi bien ici. Tu sais que par constance, je n'aime pas le changement.	DON PATHOS Pour le décorateur, et sans que rien m'appelle, Je viens à Saint-Denis auprès de la Chapelle.
Le manque d'originalité : CHARLOT. N'as-tu pas quelqu'horloge Où, quand vient un rival, prudemment on se loge ? Mme JOSEPH. Ces tours là sont bien vieux. CHARLOT. N'importe ! Employons-les ! (...)	BELLE SOLE, *entrant.* Te voilà, mon ange ?... qu'est-ce que tu viens me dire ?... OH ! QU'NENNI Toujours la même chanson : te dire que je t'aime, que je t'adore.	N.I.NI (...) Mourons comme Juliette et comme Romeo.

Si j'allais me blottir au fond de ce buffet,		
Cela pourrait produire un excellent effet. :		
Mais non ! il vaut bien mieux me cacher dans l'armoire,		
Le moyen est plus neuf, si j'en crois ma mémoire ;		
Jamais on n'y songea... oui, c'est un nouveau tour		

20072033R00087

Printed in Great Britain
by Amazon